U0088651

臺灣歷史與文化_{研究輯刊}

六 編

第 8 冊

臺灣的族群關係與族群政治（下）

周典恩 著

花木蘭文化出版社

國家圖書館出版品預行編目資料

臺灣的族群關係與族群政治(下)／周典恩 著 -- 初版 -- 新北市：
花木蘭文化出版社，2014〔民 103〕
目 6+156 面；19×26 公分
（臺灣歷史與文化研究輯刊 六編；第 8 冊）
ISBN 978-986-322-952-0（精裝）
1.族群問題 2.臺灣政治
733.08   103015085

ISBN-978-986-322-952-0

臺灣歷史與文化研究輯刊
六 編 第八冊   ISBN：978-986-322-952-0

臺灣的族群關係與族群政治（下）

作　　者　周典恩
總 編 輯　杜潔祥
副總編輯　楊嘉樂
編　　輯　許郁翎
出　　版　花木蘭文化出版社
社　　長　高小娟
聯絡地址　235 新北市中和區中安街七二號十三樓
　　　　　電話：02-2923-1455／傳眞：02-2923-1452
網　　址　http://www.huamulan.tw 信箱 hml 810518@gmail.com
印　　刷　普羅文化出版廣告事業
初　　版　2014 年 9 月
定　　價　六編 21 冊（精裝）新台幣 42,000 元

臺灣的族群關係與族群政治（下）

周典恩　著

目次

上 冊

緒 言 ………………………………………………………… 1

　一、研究緣由 ………………………………………………… 1

　二、學術回顧 ………………………………………………… 3

　三、概念解析 ……………………………………………… 16

　四、資料說明 ……………………………………………… 20

　五、章節安排 ……………………………………………… 21

上編　清代臺灣的族群關係 ………………………… 25

第一章　清代臺灣的族群 ……………………………… 27

　第一節　臺灣原住民源流考辨 ………………………… 27

　　一、南來說與西來說 …………………………………… 27

　　二、原住民渡臺時間 …………………………………… 31

　第二節　臺灣原住民的類別與族稱述論 …………… 32

　　一、明清時期：漢民族文化中心主義性分類 …… 32

　　二、日據時代以來：學術研究型類別 ……………… 36

　　三、異文化視野下的族稱 ……………………………… 42

　第三節　從文獻資料看臺灣原住民的傳統生活
　　　　　方式 ……………………………………………… 44

　　一、生產形態：漁獵與遊耕 ………………………… 44

　　二、衣食住行：冬夏一布、粗糲一飽 …………… 46

三、社會組織：女性親族制與部落長老制 …… 50

四、禮俗信仰：婚喪、鳥占與獵首 …… 51

第四節　清初臺灣原住民的分佈 …… 54

第五節　清代大陸移民渡臺的原因、類型與途徑 …… 57

一、客家人與閩南人：渡臺的移民 …… 57

二、政治經濟與人文性格：渡臺的原因 …… 60

三、追求生存與投資營利：渡臺的類型 …… 63

四、請照以往與偷渡私行：渡臺的途徑 …… 67

第二章　清代臺灣拓墾中原漢的合作與衝突 …… 77

第一節　原漢合作 …… 77

一、番業漢佃：墢耕合作 …… 78

二、割地換水：水利合作 …… 86

三、設隘防番：治安合作 …… 93

第二節　原漢衝突 …… 97

一、水利之爭 …… 97

二、番租糾紛 …… 99

三、侵墾霸耕 …… 102

四、番變 …… 106

五、番害 …… 109

第三章　官府、通事與遊民：清代臺灣原漢關係中
的角色分析 …… 113

第一節　官府：無力的調控者 …… 113

一、劃界封禁、隔絕族群 …… 115

二、以原制漢、以熟制生 …… 117

第二節　通事：雙重作用的媒介者 …… 120

一、促進土地拓墾，化解社會動亂 …… 120

二、釀造禍端、引發原漢衝突 …… 122

第三節　遊民：困苦中的麻煩製造者 …… 125

第四章　在無奈與理性之間：平埔族群的遷徙 …… 133

第一節　社域內遷徙與社域外遷徙 …… 133

一、社域內遷徙 …… 134

二、社域外遷徙 …… 137

三、「遷移殆盡」的質疑 …… 146

第二節　平埔族群遷徙原因辨析⋯⋯⋯⋯⋯⋯ 148

　一、社域內遷徙原因⋯⋯⋯⋯⋯⋯ 150

　二、社域外遷徙原因⋯⋯⋯⋯⋯⋯ 151

下　冊

第五章　文化變遷與認同轉變：平埔族群的漢化 157

　第一節　外觀的漢化⋯⋯⋯⋯⋯⋯⋯⋯⋯ 157

　第二節　身份認同的轉變⋯⋯⋯⋯⋯⋯⋯ 163

第六章　清代臺灣拓墾中閩客的械鬥與融合 167

　第一節　閩客競墾⋯⋯⋯⋯⋯⋯⋯⋯⋯⋯ 167

　　一、南部地區⋯⋯⋯⋯⋯⋯⋯⋯⋯⋯ 167

　　二、中部地區⋯⋯⋯⋯⋯⋯⋯⋯⋯⋯ 172

　　三、北部地區⋯⋯⋯⋯⋯⋯⋯⋯⋯⋯ 176

　第二節　閩客械鬥⋯⋯⋯⋯⋯⋯⋯⋯⋯⋯ 180

　第三節　閩客的合作與融合⋯⋯⋯⋯⋯⋯ 187

　　一、閩客合作⋯⋯⋯⋯⋯⋯⋯⋯⋯⋯ 187

　　二、閩客融合：福佬客⋯⋯⋯⋯⋯⋯ 190

下編　當代臺灣的族群政治⋯⋯⋯⋯⋯⋯ 195

第七章　「政治玩偶」：臺灣的省籍族群問題 197

　第一節　省籍問題的「源」與「變」⋯⋯⋯ 197

　　一、「二二八事件」與省籍問題的源起⋯⋯⋯ 197

　　二、省籍問題的催化與變異⋯⋯⋯⋯ 204

　第二節　臺灣四大族群的政治建構⋯⋯⋯ 207

第八章　訴求與困境：臺灣的原住民運動⋯⋯⋯ 213

　第一節　臺灣原住民運動興起的背景：島外與島內

⋯⋯⋯⋯⋯⋯⋯⋯⋯⋯⋯⋯⋯⋯⋯⋯⋯ 213

　第二節　臺灣原住民運動的歷程：理念、組織與

路線⋯⋯⋯⋯⋯⋯⋯⋯⋯⋯⋯⋯ 217

　　一、組織與理念：從《高山青》到「原住民族

權利促進會」⋯⋯⋯⋯⋯⋯⋯⋯ 217

　　二、路線與形式：從「個案服務」到「街頭

抗爭」⋯⋯⋯⋯⋯⋯⋯⋯⋯⋯⋯ 220

　第三節　臺灣原住民運動的反思：成就與困境⋯⋯ 228

第九章　文化拯救與政治參與：臺灣的客家運動 · 231
　第一節　臺灣客家運動的背景··········231
　　一、臺灣社會的轉型·········231
　　二、客家族群危機意識的反彈········235
　　三、閩客情節的促動·········238
　　四、客家社團的推動·········240
　第二節　臺灣客家運動的歷程········241
　　一、運動發軔：《客家風雲》與「還我母語」
　　　　大遊行·········241
　　二、理念闡發：「臺灣客家公共事務協會」與
　　　　「新个客家人」·········243
　　三、尋求發聲：「寶島客家廣播電臺」與「客
　　　　家電視臺」·········247
　　四、步入沉寂：臺灣客家運動的現狀······249
　第三節　臺灣客家運動評析········249
第十章　族群問題與當代臺灣政治生態········255
　第一節　從黨國威權到藍綠對峙：臺灣政治生態的
　　　　變遷·········255
　　一、黨國威權·········256
　　二、政治革新·········259
　　三、多黨紛爭·········262
　　四、藍綠對峙·········267
　第二節　族群矛盾、國家認同與政治的族群化····268
　　一、演繹的族群矛盾·········269
　　二、族群的政黨傾向·········272
　　三、族群的國家認同·········277
　　四、政黨的族群動員·········280
第十一章　族群政治與兩岸關係········283
　第一節　臺灣族群政治的特徵分析·······283
　　一、族群分野具有濃厚的政治建構色彩·····283
　　二、族群動員以「民主化」為政治口號·····284
　　三、民族主義與國家認同糾葛不清······286
　　四、政治族群化程度的高低與臺獨活動的
　　　　強弱相吻合·········287

　　　五、族群政治的民粹化 ⋯⋯⋯⋯⋯⋯⋯⋯⋯ 288
　　第二節　族群政治對兩岸關係的影響 ⋯⋯⋯⋯⋯ 290
　　　一、蠱惑民意與分裂中國：族群政治對兩岸
　　　　關係的影響 ⋯⋯⋯⋯⋯⋯⋯⋯⋯⋯⋯⋯⋯ 290
　　　二、保持威懾與加強交流：化解族群政治
　　　　消極影響的措施 ⋯⋯⋯⋯⋯⋯⋯⋯⋯⋯⋯ 294

參考文獻 ⋯⋯⋯⋯⋯⋯⋯⋯⋯⋯⋯⋯⋯⋯⋯⋯⋯⋯ 297
圖　次
　　圖一：平埔族群社域外遷移示意圖 ⋯⋯⋯⋯⋯⋯ 146
　　圖二：平埔族群遷移原因示意圖 ⋯⋯⋯⋯⋯⋯⋯ 156
表　次
　　表一：臺灣平埔族群分類沿革表 ⋯⋯⋯⋯⋯⋯⋯ 38
　　表二：臺灣高山族群分類沿革表 ⋯⋯⋯⋯⋯⋯⋯ 40
　　表三：清朝移民渡臺政策嬗變表 ⋯⋯⋯⋯⋯⋯⋯ 70
　　表四：平埔族群入埔的族社與時間表 ⋯⋯⋯⋯⋯ 140
　　表五：清代臺灣閩客械鬥表 ⋯⋯⋯⋯⋯⋯⋯⋯⋯ 182
　　表六：臺灣政黨數目增長統計表（1989～2008） 262
　　表七：1991～2004 年公職選舉中政黨所獲的
　　　　支持度 ⋯⋯⋯⋯⋯⋯⋯⋯⋯⋯⋯⋯⋯⋯⋯ 273
　　表八：1992～1998 閩南人的政黨傾向 ⋯⋯⋯⋯ 275
　　表九：1992～1998 外省人的政黨傾向 ⋯⋯⋯⋯ 275
　　表十：2002 年臺北市民政黨傾向 ⋯⋯⋯⋯⋯⋯ 276
　表十一：2002 年高雄市民政黨傾向 ⋯⋯⋯⋯⋯⋯ 276
　表十二：族群與國家認同調查表（1993～2003）⋯ 292

第五章　文化變遷與認同轉變：平埔族群的漢化

在清朝臺灣拓墾中，平埔族群與大陸移民接觸頻繁，深受漢文化的影響，結果導致他們在外觀上逐漸與漢人別無二致，成為「失蹤的族群」。學界通常稱這種現象為平埔族群的「漢化」。然而，近年來有的臺灣學者開始反思，認為平埔族群的消失，很難以「漢化」一詞概括，因為平埔族群與漢人接觸後，兩種文化相互濡染，產生一種合成的新文化。這種文化與漢文化或平埔族群文化均有所不同。所以，平埔族群的社會變遷應稱為「涵化」，而不是「漢化」。〔註1〕但是，筆者依然認為，清代臺灣平埔族群的消失用「漢化」表述更為科學和準確，因為他們的變遷不僅外在地表現於社會文化方面，而且內在地體現於身份認同方面。

第一節　外觀的漢化

外觀的標準化是同化的重要標誌。所謂外觀的標準化是指具有相同的生產方式、衣飾、飲食、語言、住宅、信仰等經濟文化特徵。〔註2〕清代臺灣平埔族群在與漢人長期而頻繁的交往中，自願或被迫接受漢人的農業生產技術與衣食住行習慣，使得他們在經濟生產與社會生活等外觀上逐漸與漢人趨向一致，「漢化」現象顯著。

〔註 1〕潘英海：《文化合成與合成文化──頭社村太祖年度祭儀的文化意涵》，載《臺灣與福建社會文化研究論文集》，中央研究院民族學研究所，1994 年，第 235 頁。

〔註 2〕柯尼格著、朱岑樓譯：《社會學》，協志出版社，1962 年，第 271 頁。

　　美國人類學家摩根（H.L.Morgon）認為生產技術是每個文化系統中最基本的部分，也是社會變遷中較早產生變化的部分。〔註3〕清代臺灣平埔族群的「漢化」也是首先表現在經濟生產方式方面。平埔族群原先的生產方式是以漁獵為主，遊耕為輔。打獵時男子集體出動，名曰「出草」，捕獲的獵物以鹿為主。捕魚的方法較多，或在岸上用鏢槍、弓箭射魚，或到溪流中以魚籠、竹罩網魚。農業生產多以婦女任事，採行遊耕方式，時常棄地他遷，以維持地力。耕作的方法極其粗放，隨處播種，既不深耕，也不灌溉，穀物一旦下種就不再去管顧，全靠天收。生產工具十分簡陋，播種時用小鋤掘土，不知使用耕犁，收穫時以手摘取，不用鐮銍。種植的農作物以黍、薯、芋等為主，不種水稻。清代他們與漢人接觸後，「亦知以稼穡為重。凡社中舊管埔地，皆芟刈草萊，墾闢田園。有慮其旱澇者，亦學漢人築圳，從內山開掘，疏引溪流，以資灌溉。片隅寸土，盡成膏腴」。〔註4〕據首任巡臺御使黃叔璥觀察，康熙年間南部西拉雅族的大傑巔、大武壠、噍吧哖等番社已「有填築薄岸為水田，播插稻秧者」，新港、目加溜灣、麻豆、卓猴等番社「耕種如牛車、犁耙，與漢人同」。〔註5〕巴則海族岸里社傚仿漢人墾首請墾荒埔，興建水利設施，將旱地水田化，栽種水稻等種種舉措可為我們提供一幅清代臺灣拓墾中平埔族群經濟生產方式漢化的縮影。岸里社為巴則海族的一個部落，包括岸里社、樸仔離社、翁仔社、葫蘆墩社、烏牛欄社、阿里史社等社群，也泛稱為岸里大社。〔註6〕其實，岸里社原先只聚居在大甲溪與大安溪之間一個名為麻薯舊社的地方。十八世紀以後，岸里社因緣機會，憑籍本身武力和戰略地位與清廷建立長期軍事合作關係，到處協助官兵平亂，因而獲得大量土地所有權。後來，大部分岸里社民在土目阿穆的率領下，跨過大甲溪，遷移到臺中盆地東北的神岡、社口附近，開始與其他社群毗鄰而居。由於岸里社人多勢眾，傳統上居於諸社的領導地位，所以一般皆以岸里社統稱這個平埔族群部落。〔註7〕

〔註3〕宋光宇：《人類學導論》，桂冠圖書公司，1979年，第44頁。

〔註4〕六十七：《番社采風圖考》，「開圳」，臺灣文獻叢刊第90種，臺灣銀行經濟研究室，1962年。

〔註5〕黃叔璥：《臺海使槎錄》，卷五，「番俗六考」，臺灣文獻叢刊第4種，臺灣銀行經濟研究室，1957年。

〔註6〕陳炎正：《臺中縣岸里社開發史》，臺中縣立文化中心，1986年，第3頁。

〔註7〕陳秋坤：《平埔族岸里社潘姓經營地主的崛起，1699～1770》，《中央研究院近代史研究所集刊》，第20集，1991年。

　　岸里社在經濟生產方式上的「漢化」主要表現在兩個點，即地權觀念的形成與荒埔的水田化。岸里社原來以打獵、捕魚和旱田遊耕農業為主，沒有土地私有觀念，認為獵場、耕地、水源、森林等自然財產都是部落的公產。康熙五十五年（1716 年），岸里社土目阿穆在漢人通事張達京的指引下，倣仿漢人墾首請墾土地的事例，向諸羅知縣周鍾瑄請墾了校栗埔與大姑婆等兩處埔地，其範圍「東至大山（指豐原觀音山山麓），西至沙轆地界大山（大肚山），南至大肚，延至大溪，東南至阿里史（潭子），西南至揀加頭（西屯水堀頭）」，大致包括了今臺中盆地東北邊的主要部分。這表明張達京已將漢人的私有地權觀念灌輸給了岸里社。其後，岸里社又於雍正十年（1732 年）請墾了介於大肚溪與大甲溪之間臺中盆地西南部的草地，範圍包括「東至撮樸泰山（今豐原公老坪山）、西至阿河巴橫岡（大肚山麓）、南至大姑婆（西屯）、北至大溪（大甲溪）」。乾隆五十三年（1788 年）清廷施行「番屯制」時，岸里社被編為北路麻薯舊社大屯，設屯丁四百名，配有岸里社原居地——麻薯舊社——東邊東勢角（今東勢、卓蘭）一帶四百餘甲未墾荒埔。〔註8〕

　　自雍正初年起岸里社就在土目敦仔的領導下，與通事張達京合作開發請墾的荒埔。敦仔一方面將土地分割成小塊，租贌給漢人佃戶墾耕，以收取「番大租」，另一方面採用「割地換水」的方式，利用漢人的資本與技術，開發水利，籍此將旱地水田化，以便栽種水稻。敦仔在雍正年間曾以岸里、掃揀、烏牛欄和舊社等四社總土官的名義，前後跟以張達京為首的「六管業戶」簽訂了四次「割地換水」合約，從而極大地改良了臺中盆地的灌溉系統，為岸里社民從原始旱作農業向水稻犁耕農業轉型提供了必要的條件。

　　至於岸里社民在與漢人長期的並耕共處中，其經濟生產方式「漢化」到何種程度，我們從他們遷移埔里後的表現可窺見一斑。譬如，他們十分重視水圳的開發，普遍種植水稻，而且栽種技術要比埔番高明的多。「間有生番（埔番）自墾之地，均繫畸零小塊，不成片段，且俱將稻穀撒於田地，聽其生成，並非插種之法，秧苗皆稀散細弱，難期秀實。……各社（平埔族群）地均有溪流，可資灌溉，且日哺露讓，侵入衣袂，入夜更重，近山之地，亦無虞旱乾。」〔註9〕

〔註8〕陳秋坤：《平埔族岸里社潘姓經營地主的崛起，1699～1770》，《中央研究院近代史研究所集刊》，第 20 集，1991 年。

〔註9〕劉枝萬：《南投縣沿革志開發篇稿》，南投縣文獻委員會，1958 年，第 201 頁。

　　平埔族群的傳統服飾雖因地域和族群的不同而各有所異，但都甚為粗陋，基本上是以鹿皮或自己紡織的「達戈紋」縫製。他們平時喜歡跣足，天熱時就赤身裸體，即使男女聚處也不相避。隨著他們漸次與漢人接觸，服飾也相繼改變。南部的平埔族群因在明朝末年就開始與漢人交往，所以在清朝初期便已在衣飾方面出現漢化現象。例如，康熙末年西拉雅族的「新港、蕭壠、麻豆、目加溜灣諸番衣褲，半如漢人，多裝棉」，洪雅族的「哆囉嘓、諸羅山亦有仿傚者。」〔註10〕乾隆年間，西拉雅族的服飾甚至出現了冬夏之分，男女之別。「衣黑白不等，俱短至臍，名籠仔。用布二幅，縫其半於背，左右及腋而止；餘尺許垂肩及臂，無袖。披其襟衣長至足者，名襆。暑則圍二幅半烏布，寒則披襆。近亦有仿漢人衣褲者。番婦衣短至腰，或織茜毛於領，或緣以他色。腰下圍幅布，旁無襞積為桶裙。膝以下用烏布十餘重，堅束其腓至踝。頭上珠飾名曰沙其落；瑪瑙珠，名曰畢那荅。頸掛銀錢、約指、螺貝及紅毛錢。瓔珞累累，盤繞數匝，名曰夏落。臂釧，東洋鐲銅起花鐲，或穿瑪瑙為之。手圈名曰龜老若。」〔註11〕乾隆中葉以後，南部下淡水流域的馬卡道族「土官有著履者。……近亦有戴帽者，剃鬚編辮者，……邇年來漸被聲教，番無男婦，俱製短衣褲，過市中，幾與漢人無異，土官則竟衣裳帛矣。」〔註12〕中部、北部的平埔族群「居處、飲食、衣飾、婚嫁、喪葬、器用之類，半從漢俗。」〔註13〕

　　平埔族群所食之物原以薯、芋為主，輔以麞鹿、魚、蟹等，常生吞活剝。改種水稻後，大米逐漸成為他們的主食。先前，他們除了鍋外，沒有其他餐具，吃飯時就蹲著用手抓食。後來，他們傚仿漢人，開始使用碗筷，有的平埔族群社民還製辦桌椅以接待客人，革除蹲踞席地之風。平埔族群的傳統住屋以「干欄式」建築為主。受漢文化影響後，他們也開始模仿漢人修建寬敞的住房，「至社近漢人街莊者，其營屋高廣雅致，無異漢人」。〔註14〕日本侵

〔註10〕周鍾瑄：《諸羅縣志》，卷八，「風俗志」，臺灣文獻叢刊第 141 種，臺灣銀行經濟研究室，1962 年。

〔註11〕黃叔璥：《臺海使槎錄》，卷五，「番俗六考」，臺灣文獻叢刊第 4 種，臺灣銀行經濟研究室，1957 年。

〔註12〕王瑛曾：《重修鳳山縣志》，卷三，「風土志」，臺灣文獻叢刊第 146 種，臺灣銀行經濟研究室，1962 年。

〔註13〕陳培桂：《淡水廳志》，臺灣文獻叢刊第 172 種，臺灣銀行經濟研究室，1963 年。

〔註14〕沈茂蔭：《苗栗縣志》，卷七，「風俗考」，苗栗縣文獻委員會，1953 年。

佔臺灣初期，伊能嘉矩在凱達格蘭族毛少翁社作調查時，發現他們的住房「和村落內的漢人一樣，住在土角為壁，茅草為頂的臺灣式農家」。〔註15〕

平埔族群的語言各不相同，種類繁多。但他們與漢人交往日久都出現了改說漢語的現象，其中，與閩南人接觸的就說閩南話，與客家人交往的就說客家話。不過，有清一代，平埔族群語言漢化的程度尚有深淺之別。1897年，伊能嘉矩在埔里調查時，發現平埔族群不同的族群使用漢語的情況存在較大差別，於是他就依平埔族群語言的漢化情形，把他們劃分為四個群體：1.雜用平埔語與漢語者：巴則海族；2.仍用少部分平埔語者：拍瀑拉族；3.已不再使用平埔語，但老人們尚知少許平埔語者：巴布薩族和道卡斯族；4.幾乎已忘卻所有平埔語者：洪雅族。〔註16〕語言漢化的深淺跟他們與漢人接觸時間的長短以及交往的頻繁程度有很大關聯。

平埔族群是母系社會，婚姻習俗上表現為青年男女婚前交往自由，女性在擇偶時比較主動，無繁文縟節的婚聘儀式，盛行夫從妻居的招贅婚。然而，在漢文化的影響下，平埔族群傳統的婚姻習俗發生了變化。例如，中部道卡斯族的後壠五社與崩山八社在乾隆年間開始注重婚聘，出現嫁娶婚。「娶婦先以海蛤數升為聘。竹塹間用生鹿肉為定。……及嫁時用海蛤一搭紀，殺牛飲酒，歡會數日。父母娶婦，或一、二年三、五年分居，視其婦孝與否耳。無一世同居者。一女則贅婿，一男則娶婦。男多則聽人招贅，惟幼男娶婦終養。女多者聽人聘娶，惟幼女贅婿為嗣。夫婦服，必逾年而後嫁娶。不和或因奸則離。夫未娶，婦不敢先嫁，嫁則罰婦及後夫並婦之父母各瑪瑙一串或牛一隻以歸。後夫不受罰，則糾集親眾，負弓矢、持鏢刀至後夫之家，拆毀房屋倉囷，土官通事不能禁。私通亦然，強者將其婦及姦夫立殺死；或與麻達通，祇罰婦酒一甕，麻達不問。女與麻達通，亦不問。」〔註17〕凱達格蘭族的坑仔、霄里等族社甚至出現訂娃娃親現象。「自幼請媒以珠粒為定，及長而娶，間有贅婿於家者。屆期約諸親宰割牛豕，以黍為粿，狀如嬰兒，取葉兆熊羆之意。夫婦相聚，白首不易。婦與人私，則將姦夫父母房屋拆毀，倍罰

〔註15〕參閱羅春寒：《清代臺灣平埔族文化變遷之研究》，中央民族大學博士學位論文，2005年，第122～124頁。

〔註16〕劉枝萬：《南投縣沿革志開發篇稿》，南投縣文獻委員會，1958年，第94～95頁。

〔註17〕黃叔璥：《臺海使槎錄》，卷六，「番俗六考」，臺灣文獻叢刊第4種，臺灣銀行經濟研究室，1957年。

珠粒分社番，以示家教不嚴」。〔註18〕婚姻習俗的變遷意味著男女在社會中的角色和地位發生變化，這也表明平埔族群原來的母系社會已動搖，開始向以父系親屬結構為基礎的漢人社會過渡。

平埔族群的葬俗雖在不同的族群之間存在差異，但大多甚為奇特。如將死者裸體用鹿皮裹紮後，葬於室內床下；或用木板四片殮葬，再植竹圍繞，內蓋小茅屋，上插雞毛和小布旗，以死者平生雜物的一半懸於屋外。然而，與漢人接觸後，他們也開始學習漢人的喪葬方法。例如，巴則海族的傳統習俗是人將死時，以繩將四肢捆綁放入土坑中，「五棺槨塋域，裹以鹿皮」。〔註19〕他們沒有豎立墓碑的習慣，一般只是以一石刻畫簡單符號作為標記。乾隆年間巴則海族人學會了漢人的墓葬法。比如，岸里社土官敦仔死後，不僅以「榮陽堂」為堂號豎立墓碑，而且有型式講究的神主牌位，此足以顯見其受漢文化影響之深。〔註20〕

平埔族群原始的宗教信仰是以萬物有靈的自然崇拜為主要內容，形式多種多樣，夾雜著巫術、占卜、禁忌等。他們與漢人交往日久，習染了漢人的民間信仰。至於平埔族群緣何改信漢人神祇，在此不妨引錄埔里盆地平埔族群開始信仰媽祖的傳說，俾使讀者對平埔族群改從漢族民間信仰的過程有所瞭解。傳說是這樣的：「光緒八年（1882年），因為天氣乾旱，水稻沒有收成，籃城村村民認為眉溪『地漏』（即溪流底透，積存不住水）為一重要原因，於是平埔族李姓頭目請教漢人陳朝宗應如何處置此歉收問題，陳答以若請彰化市南瑤宮之媽祖來巡境，也許可以解決缺水問題。於是次年，九位籃城村民同去南瑤宮抬來媽祖的佛身。據說自此眉溪果不再漏，以後籃城村每年都是如是行禮如儀一番。媽祖信仰也逐漸變成全埔里的信仰，並且形成一種媽祖在各莊輪流宿夜接受拜祭的制度」。〔註21〕這一事例雖只是埔里平埔族群改信媽祖的個案，但我們從中能以點帶面地推斷出平埔族群宗教信仰漢化過程的一般情形。平埔族群因在經濟生產方式和衣食住行習慣方面與漢人漸趨一

〔註18〕黃叔璥：《臺海使槎錄》，卷六，「番俗六考」，臺灣文獻叢刊第4種，臺灣銀行經濟研究室，1957年。

〔註19〕周鍾瑄：《諸羅縣志》，卷八，「風俗志」，臺灣文獻叢刊第141種，臺灣銀行經濟研究室，1962年。

〔註20〕洪麗完：《拍宰族岸里大社之古神主牌》，載《臺灣中部平埔族沙轆社與岸里社之研究》，稻鄉出版社，1997年，第440～441頁。

〔註21〕謝繼昌：《水利和社會文化之適應——籃城村的例子》，《中央研究院民族學研究所集刊》（36），1973年，第57～77頁。

致，兩者往往會面臨同樣的問題，產生相似的精神需求，故而在宗教信仰方面日益統一化實屬必然結果。

　　清代大陸移民蜂擁渡臺，使得平埔族群面臨前所未有的衝擊和機遇。隨著成片的荒埔被拓墾成田園，平埔族群的獵場不斷縮小，可供「逐地力而居」的空間日益萎縮，使其傳統的以漁獵爲主，遊耕爲輔的經濟生產方式難以爲繼。與此同時，漢人先進的農耕技術、精美的衣飾、細緻的飲食、寬敞的住屋令平埔族心生仰慕之意，並竟相倣仿之，結果導致他們的社會生活漸次呈現鮮明的漢化現象，進而逐漸實現由原住民社會向漢人社會的轉型。

第二節　身份認同的轉變

　　有的學者認爲，臺灣平埔族群之所以迅速漢化主要是因爲清政府推行教化政策所致。誠然，清廷確實對臺灣平埔族群施行了些教化措施。例如，雍正十二年（1734 年）清廷於臺灣南北兩路各番社設置土番社學，其中臺灣縣五所，鳳山縣八所，諸羅縣十一所，彰化縣二十所，淡水廳六所，「擇漢人之通文理者，給以館穀，教諸番童」。〔註 22〕乾隆二十三年（1758 年），清廷諭令平埔族群薙髮。《臺灣府志》載：「臺灣府歸化各番，諭令薙髮結辮，以照一道同風之感」。與此同時，官府也仿傚漢制賜姓給平埔族群。據伊能嘉矩的《臺灣文化志》記載，當時賜給平埔族群的漢姓有：潘、蠻、陳、劉、戴、李、王、錢、斛、林、黃、江、張、穆、莊、鄂、來、印、力、鍾、蕭、盧、楊、朱、趙、孫、金、賴、羅、東、余、巫、莫、文、米、葉、衛、吳、黎、機、卓、顏、萬、鄭、兵、白、北、尤、郭、高等。〔註 23〕但是，就歷史事實來看，清廷的同化措施雖對平埔族群改從漢俗起了一定的推動作用，但效果卻非常有限。例如，官府在平埔族群番社所設立的社學數量本來就少，加之所招收的番童寥寥無幾，其教化作用可想而知，並且到嘉慶年間，社學也因效果欠佳而基本上完全廢棄。諭令薙髮其實僅限於男子，對於婦女則聽其自由。官府所賜的漢姓，使用與否聽任平埔族群自便，沒有強制性。

〔註 22〕張隆志：《族群關係與鄉村臺灣——一個清代臺灣平埔族群史的重建和理解》，國立臺灣大學出版委員會，1991 年，第 154 頁。

〔註 23〕伊能嘉矩：《臺灣文化志》，（中譯本）（下），臺灣省文獻委員會，1991 年，第653～657、659 頁。

　　按照當代族群認同理論，縱使一個平埔族群社民在衣食住行、宗教信仰、生產方式等外觀上皆與漢人完全相同，但是他在族群意識上仍然堅持認為自己是平埔族群人，而非漢人，那麼他並不能算作漢化。只有當他因孺慕先進的漢文化而主動向化，或因自己居於劣勢地位，產生「嚴重的自卑感，進而試圖拋棄自己原有的認同」，而「認同漢人的各種價值」。〔註 24〕換言之，當他不僅在社會文化上與漢人具有相同的外觀，而且在族群意識上也放棄自己的「番族」身份，轉而認同漢人時，才稱得上真正完全「漢化」了。

　　清代臺灣平埔族群外觀上的漢化多是自願向化的結果，而非清政府推行教化政策所致。比如，就平埔族群改易漢姓而言。賜姓初期，平埔族群社民只有在正式場合下才使用漢姓，而且只是將其原始連名製上段譯音或譯意，冠以漢姓而已，因此產生像潘阿四老、潘打比里這樣奇怪的姓名，私下裏他們依然習慣於使用原來的土名。這樣，他們的「番」人身份從姓名上可一望而知。可是，賜姓約十年後，情形大為改觀。平埔族群社民不僅紛紛自動改用漢姓，而且開始採用漢名。如此一來，姓名作為區別「番」漢的標識就逐漸喪失其作用了。這也同時表明當時許多平埔族群人已因「貧窮」、「依賴」、「被拒絕」及永遠的「低等劣勢」而有嚴重的自卑感，進而試圖拋棄自己的原有認同，存在強烈的認同污名感。〔註 25〕

　　平埔族群傚仿漢人的衣食住行與風俗習慣，雖存在仰慕漢文化的因素，但意欲藉此掩飾其番人身份也是個重要原因。例如，朱景英在《海東雜記》中說，有的平埔族群社民因自己的「番族」身份而感到很自卑，所以亟欲取得漢人的認同，是以著漢服，穿漢鞋，甚至有些婦女還仿傚漢族女人纏足。〔註 26〕再如，有的平埔族群社民為了向外界表明自己已與漢人無異，甚至模仿學習漢人的喪葬習俗，「喪葬一切禮節猶若閩人，其掛孝一節，男人與閩人無殊」。〔註 27〕

　　語言是一個族群的重要特徵，語言的消失是族群同化的標誌。清代臺灣平埔族群社民改說漢語的情況甚為普遍。據《雲林縣採訪冊》記載，光緒時雲林地方的平埔族社民，「言語一如漳人，詢其番語奚若，率無以應；即間有

〔註 24〕謝世忠：《認同的污名》，自立晚報社，1987 年，第 97 頁。

〔註 25〕謝世忠：《認同的污名》，自立晚報社，1987 年，第 34 頁。

〔註 26〕朱景英：《海東雜記》，臺灣文獻叢刊第 19 種，臺灣銀行經濟研究室，1958 年。

〔註 27〕《安平縣雜記》，臺灣文獻叢刊第 52 種，臺灣銀行經濟研究室，1959 年。

頭目老番，亦僅知一二」。〔註28〕1865 年秋天，英國人畢其林到距離臺灣府十
來里遠的一個名叫新港的村莊調查時，發現那裡的平埔族群社民衣著已經和
漢人別無二致，只會說漢語，忘記了他們自己的語言。〔註29〕不說本族語言
而改說漢語，可視爲平埔族群放棄其番族身份，轉而認同漢人的一個有力注
腳。

　　通婚是族群同化中最難達到，甚至是最後的階段。當兩個族群可在血緣
上因婚姻而互通，則顯示族群之間已達到相當程度的融合。由於清廷長期禁
止大陸移民搬眷渡臺，使得在臺漢人多是單身的青壯男子，婦女甚少。藍鼎
元在《經理臺灣疏》中對清代臺灣社會性別比例嚴重失衡情形有所描述：「統
計臺灣一府，惟中路臺邑所屬，有夫妻子女之人民。自北路諸羅、彰化以上，
淡水、雞籠，山後千有餘里，通共婦女不及數百人，南路鳳山、新園、琅嶠
以下四、五百里婦女亦不及數百人」。〔註30〕當時有許多漢族男子娶平埔族群
女子，入贅到「番社」裏去。有的學者據此認爲這是漢人狡詐地利用平埔族
群盛行招贅婚，以女承家的風俗，蓄意謀取平埔族群的土地與財產。然而，
事實情況是平埔族群女子很樂意「牽手」漢族單身男子，否則清代番漢通婚
爲何如此普遍，以致於官府出令示禁也難以阻遏。平埔族群招贅勤勞能幹的
漢人男子加入他們的家庭，不僅可以迅速改變其落後的農耕技術，而且可以
較快地融入漢人血統，獲得他們的認可。

　　由是觀之，清代臺灣平埔族群之所以迅速漢化，乃至於融合於漢人社會
之中，成爲消失的族群，認同心理起了不容忽視的促進作用。而平埔族群放
棄其「番族」身份，轉而認同漢人，也是其漢化過程中不可或缺的重要內容。

　　「漢化」是人類社會同化現象的一種。當非漢族群在衣食住行、宗教信
仰、婚喪習俗等外觀上採用與漢人接近或相同的方式，並且在心理上認同自
己是漢人時，即可視爲「漢化」。「涵化」是指當兩個不同的文化接觸，因種
種變數的作用，經長久的時間，兩者透過各種方式互相採借、適應，而使彼
此發生改變，產生相異的結果。〔註31〕它所強調的是經濟文化層面的互動，

〔註28〕倪贊元：《雲林縣採訪冊》，「番社」，臺灣文獻叢刊第 37 種，臺灣銀行經濟研
　　　　究室，1959 年。
〔註29〕畢其林著，吳明遠譯：《老臺灣》，臺灣銀行經濟研究室，1959 年，第 72 頁。
〔註30〕藍鼎元撰，蔣炳釗、王鈿點校：《鹿洲全集》，廈門大學出版社，1995 年，第
　　　　805 頁。
〔註31〕宋光宇：《人類學導論》，桂冠圖書公司，1979 年，第 454 頁。

而往往忽略心理認同的作用。如上所述,清代臺灣平埔族群與漢人接觸後所發生的變遷,除了表現在他們因外部生態環境的改變而不得不作相應的調試,或因仰慕漢文化的先進而主動向化所導致的經濟文化等外觀上逐漸與漢人別無二致外,還表現在他們意欲借助外觀的相同掩飾給自身帶來嚴重自卑感的「番人」身份,希冀整合於漢人族群之中。故而,清代臺灣平埔族群的變遷可謂是改變身份認同的「漢化」,而非單純經濟文化意義上的「涵化」。

其實,臺灣學界之所以提出「涵化」或「文化合成」等概念,與當前臺灣的社會政治背景不無關聯。20 世紀 80 年代以來,隨著「反對運動」在臺灣的興起,「本土化」與「去中國化」成為臺獨勢力的政治訴求。文化臺獨是一種不僅能從根本上割裂大陸與臺灣的文化紐帶與血脈親情關係,而且能為臺獨勢力提供法理依據的策略。例如,「文化合成」理論認為,「甲」與「乙」兩個族群在文化接觸過程中所形成的「丙」文化,是一個全新完整的文化自主體,「丙」文化既不是「甲」文化,也不是「乙」文化。「丙」文化的形成是一個「在地化」的歷程,「地方」是文化接觸的土壤,不同族群的文化接觸都在不同的「地方」在地化了。〔註 32〕其言下之意是,平埔族群與漢人文化接觸後所生成的文化,既不同於平埔族群文化,也不同於漢文化,而是一種新文化,是臺灣文化。這種理論的「去中國化」用意不言而喻。更有甚者,有的臺灣學者竟試圖通過 DNA 檢測尋求平埔族群的「原生」血統,以此證明「本省人」中或多或少都存在早期漢人移民同平埔族群融血所傳承的「血緣關係」,其目的無非是要割斷臺灣本省人同大陸的族裔聯繫,〔註 33〕構建所謂的「臺灣人認同」,從而為法理臺獨提供依據。

〔註 32〕潘英海:《「平埔學」芻議》,《探索臺灣田野的新面向學術研討會論文集》,中央研究院民族學研究所,1998 年,第 1~20 頁。

〔註 33〕郝時遠:《臺灣的「族群」與「族群政治」析論》,《中國社會科學》2004 年第 2 期。

第六章　清代臺灣拓墾中閩客的械鬥與融合

　　臺灣是個多族群的社會，閩南人和客家人是島上的兩大族群。自清代初期移居臺灣始，閩客族群就時常因土地、水源等自然資源，甚至日常生活中的雞毛蒜皮小事而大動干戈，互相殺戮。與此同時。雙方在經濟文化上不斷互通有無，頻繁合作。兩大族群在長期的爭鬥與合作中彼此都不同程度地受到對方的影響，乃至於催生出一種新的群體——「福佬客」。

第一節　閩客競墾

　　清朝時期閩南人與客家人拓墾臺灣的大勢是以西拉雅族的原居地臺南舊墾區為基點，在康熙四十年代後開始同時向北延伸進洪雅族、巴布薩族、拍瀑拉族、巴則海族、道卡斯族以及凱達格蘭族的生活區域，向南轉入下淡水流域馬卡道族的生息之地。閩南人與客家人在拓墾過程中呈現競爭的態勢。

一、南部地區

　　南部地區是指西拉雅族和馬卡道族的原居地，即今之臺南縣市、高雄縣市及屏東地區。早在明朝中葉，西拉雅族世居的臺南地區已有零星的大陸移民活動。不過，這些人主要是海盜、漁民和從事原漢貿易的商人，而非拓墾土地的農民，也沒有形成定居的村落。明朝天啓四年（1624 年）荷蘭人佔據大員（即今安平），修建城堡，對臺灣實行殖民統治。他們為了發展其重商主

義的殖民經濟，保障糧食供應，以武力或交換手段從西拉雅族手中獲取大片埔地，稱為「王田」，意思是土地的所有權歸荷蘭王國所有。荷屬東印度公司以提供耕牛、種籽、農具等為條件，招募閩粵沿海地區勤於耕作的農民前來承租「王田」，按照公司的要求種植甘蔗和水稻。在荷蘭人的組織和鼓勵下，大陸移民接踵渡臺，臺灣的土地拓墾由此揭開序幕。不過，因荷蘭人當時實際控制的範圍僅局限於臺南一隅，故而拓墾區域也只是以西拉雅人所聚居的臺南市為中心，北至北港（今雲林縣北港鎮）、蕭壟、麻豆、灣里、茄拔、新港、大目降，南到阿公店（今高雄縣岡山鎮），範圍甚為狹小。〔註1〕

　　明永曆十五年（1661年）鄭成功驅逐荷蘭人據有臺灣後，為了將其作為反清復明的基地，除了將荷據時代的「王田」沒收，改稱「官田」，仍由原先的大陸移民承租外，又大肆施行兵屯制度，鼓勵墾荒種植，宣佈文武各官及總鎮大小將領家眷，「隨人多少圈地，永為世業，……但不許混圈土民及百姓現耕田地。」〔註2〕鄭氏麾下文武官員與兵丁所墾成的田園，稱為「營盤田」，主要集中在臺南附近的承天府、安平鎮及其南北二十四里一帶。〔註3〕此外，尚有些「點」狀開墾地遍及全島南北各處。〔註4〕明鄭時期拓墾的區域雖較荷據時代為大，但因人力有限，加之為時甚短，故而成效也不顯著。不過，值得注意的是，無論荷據時代還是明鄭時期，臺灣的墾務主要是由官方主導，民間拓墾活動雖已顯露端倪，但成效微不足道。〔註5〕這與清廷平臺之後基本上是由民間力量主導拓墾活動形成鮮明的對比。

　　清廷收復臺灣後，為防止其再度成為「盜藪」，除了對大陸沿海民眾渡臺嚴加限制外，又頒佈了「臺灣編查流寓六部處分則例」，規定：流寓臺灣的人民，沒有妻室產業者，一概逐回原籍，有妻子產業者，願意繼續居住臺灣者，可以報名存案；但是如有犯徒罪者，一律押回原籍治罪。〔註6〕結果明鄭「官

〔註1〕宋增璋：《臺灣撫墾志》，（上），臺灣省文獻委員會，1980年，第26頁。
〔註2〕楊英：《先王實錄校注》，福建人民出版社，1981年，第254頁。
〔註3〕二十四里分別為：文賢、仁和、永寧、新昌、仁德、依仁、崇德、長治、維新、嘉祥、仁壽、武定、廣儲、保大、新豐、歸仁、長康、永豐、新化、永定、善化、感化、開化。參見潘英：《臺灣拓殖史及其族姓分佈研究》（下），臺北南天書局，1990年，第11～12頁。
〔註4〕連文希：《客家人墾臺灣地區考略》，《臺灣文獻》第22卷第3期。
〔註5〕潘英：《臺灣拓殖史及其族姓分佈研究》（上），南天書局，1990年，第6頁。
〔註6〕莊金德：《清初嚴禁沿海人民偷渡來臺始末》（上），《臺灣文獻》第15卷第3期。

兵去之，難民去之，鄭氏之官屬宗黨去之，人散地荒。」〔註7〕雖然清廷對臺灣採取消極的統治政策，但臺灣的地方官員基於稅收及民眾生計考量，還是允許甚至鼓勵人們在政策許可的範圍內，認墾無主荒地，報升納賦。如康熙年間任諸羅知縣的季麒光「照昔年奉天四州招民之例，酌議名口，就現任候選官員，或紀錄，或加級，廣勸召募……到臺之日，按丁授地，並將僞遺生熟牛只照田給配，按三年起科之令，分則徵收」。〔註8〕繼任的知縣張尹「招徠墾闢，撫綏多方」，結果「漳、泉二府富豪之戶，及臺灣各衙門書役人等，在於臺灣各縣地方，任其意之所願，隨便開墾。」〔註9〕

平臺初期，大陸移民請墾的土地基本上是明鄭時期拋荒的「官田」和「營盤田」，其範圍大致北不過樸子離溪，南止於下淡水溪。可是到了康熙四十年代，臺南舊墾區的土地逐漸被請墾殆盡，人口趨於飽和，地利漸失，謀生日益維艱。在人地矛盾日益尖銳的情況下後繼來臺的大陸移民便開始向北沿著漳化平原、臺中盆地、新竹沿海平原、桃園臺地延伸，或向南轉進下淡水河流域的屏東平原。

屏東平原向為馬卡道族，即清代文獻中所謂的「鳳山八社」，以及排灣族與魯凱族（清代概稱「傀儡番」）的生息之地。在大陸移民進墾之前，該地區被目為瘴癘惡毒的邊區，人跡罕至。鳳山知縣宋永清在《渡淡水溪》中描述當時的屏東平原：「淡水悠悠天盡頭，東連傀儡遍荒丘。其水寒冽如冰，而黃沙兩岸，衰草寒煙，寓目輒成慘淡，於塞外風景殆尤過之。渡溪以南，即八社地，為人跡罕到之處。蓋陰雲瘴癘，觸之必死；惟土番得而居之。」〔註10〕陳文達的《鳳山縣志》載：「自鳳山以南至淡水等處，早夜東風盛發，及晡鬱熱，入夜寒冷，冷熱失宜。又土多瘴氣，來往之人恆以疾病為憂。」〔註11〕明鄭時期甚至曾將此處作為流放罪犯的場所。

在屏東平原拓墾中，閩南人與客家人總體上處於競墾的態勢，勢均力敵。

〔註7〕《福建通志臺灣府》，「田賦」，臺灣文獻叢刊第84種，臺灣銀行經濟研究室，1960年。

〔註8〕季麒光：《條陳臺灣事宜文》，載陳文達：《臺灣縣志》，臺灣文獻叢刊第103種，臺灣銀行經濟研究室，1961年。

〔註9〕國學文獻館編：《臺灣研究資料彙編》，第一輯，第6701頁。

〔註10〕宋永清：《渡淡水溪》，載周元文《重修臺灣府志》，卷十，「藝文志」，臺灣歷史文獻叢刊第66種，臺灣銀行經濟研究室，1958年。

〔註11〕陳文達：《鳳山縣志》，臺灣文獻叢刊第124種，臺灣銀行經濟研究室，1961年。

康熙四十三年（1704 年），臺南富商蔡俊請墾馬卡道族下淡水社屬地濫濫搭樓
茅附近荒埔，是爲閩南人拓墾屏東平原之始。蔡俊請墾的「墾照」如下：

> 福建臺灣府鳳山縣正堂宋，爲墾天恩准給墾裕課事。據蔡俊具
> 稟前事詞稱：「切俊查得上淡水港西里土名濫濫搭樓茅，有荒埔一
> 所，東至麻綱坑，西至侖下，南至大潭底，北至柳仔林。概係青埔，
> 並無他人開墾在先，及違礙番佃人等田園。俊茲欲募佃前往開墾，
> 但未經請墾不敢擅便，理合稟請叩乞恩准給墾，俾得募佃開墾，上
> 供國課，下資自家沾恩，叩」等情到縣。據此，業經行據該通事、
> 管事查覆無礙。除給墾外，合就出示曉諭。爲此示，仰濫濫搭樓茅
> 附件番民□□□□□□該墾戶蔡俊請墾該里草地，照依四至，請其
> □□□□□墾輸課，不許附件勢豪及□□□□□□有誤國課，該墾
> 戶□□□□界混爭，致啓訟端干咎未便，特示。〔註 12〕

從四至來看，蔡俊請墾之地爲今屏東縣萬丹鄉四維村濫莊一帶的地坪，
位於隘寮溪與下淡水溪之間的沖積平原上，介於馬卡道族的上淡水社與阿猴
社之間。〔註 13〕

客家人渡臺拓墾的時間要晚於閩南人，這主要是因爲施琅「嚴禁粵中惠、
潮之民，不許渡臺。蓋惡惠、潮之地素爲海盜淵藪，而積習未忘也」，直到康
熙三十五年（1696 年）「琅歿，漸馳其禁，惠、潮民乃得越渡。」〔註 14〕客家
人來臺時，臺南舊墾區已爲閩南人請墾殆盡，他們只得在臺南府治東門外墾
闢菜園，以維生計。〔註 15〕康熙四十年代初期，客家人在閩南人墾戶或管事

〔註 12〕 《臨時臺灣土地調查局臺南出張所公文類纂》，編號：4415，1903 年。

〔註 13〕 簡炯仁：《屏東平原開發與族群關係之再議》（上），《臺灣風物》第 53 卷第 1
期。

〔註 14〕 黃叔璥：《臺海使槎錄》，卷四，「赤崁筆談」，臺灣文獻叢刊第 4 種，臺灣銀
行經濟研究室，1960 年。

〔註 15〕 至於客家來臺拓墾的時間，學界有不同的觀點。伊能嘉矩說：「康熙二十五、
六年（1686 年～1687 年）時，漢人開始大規模開發屏東平原。廣東嘉應州之
鎮平、平遠、興寧、長樂等縣份的客家人紛紛移入臺灣，本想在臺南府治附
近拓殖，可是大多已被河洛人所佔據，已無空地，才在東門外墾闢菜園，以
維生計。後來，他們知悉下淡水溪東岸流域還有尚未開墾的草地，於是相率
移居該地，協力開墾，田園日增，生齒逐漸日繁。廣東原籍的族人聽到後，
趨之若鶩。後來，墾地日益擴展，北至羅漢門（今之高雄縣內門鄉）南界，
南至林仔邊溪口（今之屏東縣林邊溪），沿下淡水、東港兩溪流域，大小村落
星羅棋佈。康熙六十年（1721 年）朱一貴亂時，屏東平原就有十三大莊，六

的招墾下，開始進入屏東平原，充當閩南人的佃戶。王瑛曾在《重修鳳山縣志》中云：「佃田者多內地依山之獷悍無賴，下貧觸法亡命，潮人尤多，厥名曰客；多者千人，少者數百，號客莊。」〔註16〕至於閩南人墾首爲何會招徠客家人墾耕，這可能與墾首的拓墾動機有關。如前所述，大陸移民渡臺的動機有追求生存型與投資營利型兩種。像臺南富商蔡俊這樣的墾首，請墾土地的目的無非是爲了營利，以墾戶資本主義經營的心態而言，他們最關心的是在限定期限內盡早招募佃農完成拓墾，以利其「報升納賦」，確定其所有權而牟利，所以並不在意佃農的族群屬性。〔註17〕同樣，客家人佃農渡臺初期，亟待土地墾耕，以維持生計，故而也不會在意招墾者爲誰。

萬丹是閩南人和客家人拓墾屏東平原的共同起點，雙方在此互相合作，拓墾荒埔。不過，由於客家人與閩南人方言、習俗各不相同，他們雖共處一地，但卻分類而居，別成村落。這種現象誠如閩浙總督在覺羅滿保在《題義民效力議敘疏》所言：「臺灣鳳山縣屬之南路淡水，歷有漳、泉、汀、潮四府之人，墾田居住。潮屬之潮陽、海陽、揭陽、饒平數縣與漳、泉之人語言聲氣相通，而潮屬之鎮平、平遠、程鄉三縣則又有汀州之人自爲守望，不與漳、泉之人同夥相雜。」〔註18〕其實，在康熙至雍正年間，絕大部分充當佃戶的客家人在墾區並沒有一個眞正的家，甚至也沒有落戶生根的打算。客家人所採取的是一種季節性或周期性的移墾方式，即藍鼎元所說：「廣東潮、惠人民，

十四小莊的客家莊了。」參見伊能嘉矩的《臺灣文化志》，下卷，第142頁。而石萬壽認爲應係康熙三十五、六年之誤，因爲福建水師提督施琅「嚴禁粵中惠、潮之民，不許渡臺」，因此在康熙三十五年施琅去世之前，客家人除少數偷渡來臺者，能聚集成莊的幾乎沒有可能。見石萬壽的《乾隆以前臺灣南部客家人的拓殖》，《臺灣文獻》第33卷第4期，第71頁。鍾王壽則認爲客家人是在康熙二十七年（1688年）入臺的。他在《六堆客家鄉土志》中說：「康熙二十七年（1688年）清軍續遣部隊中，有一部分蕉嶺及梅縣出身的士兵，由安平登陸，不久屯田於臺南東門，後來轉到阿公店（岡山），康熙三十一年（1692年）解隊後，被政府安置於萬丹鄉濫濫莊從事墾荒，類似現在之退伍軍人集體從農的所謂「榮民新村」。參閱鍾王壽的《六堆客家鄉土志》，常青出版社，1973年，第70頁。

〔註16〕王瑛曾：《重修鳳山縣志》，卷三，「風土志」，臺灣文獻叢刊第146種，臺灣銀行經濟研究室，1961年。

〔註17〕簡炯仁：《臺灣族群關係的歷史發展——以屏東平原的閩客關係爲例》，發表於「臺灣族群關係研討會」，1996年11月。

〔註18〕王瑛曾：《重修鳳山縣志》，卷十二，「藝文志」，臺灣文獻叢刊第146種，臺灣銀行經濟研究室，1961年。

在臺種地傭工，謂之客子。所居住莊曰客莊。人眾不下數十萬，皆無妻孥。時聞強悍。然其志在力田謀生，不敢稍萌異志。往年渡禁稍寬，皆於歲終賣穀還粵，置產贍家，春初又復之臺，歲以為常。」〔註19〕而閩南人墾首也多僑居府城，遠離墾區，只是委託管事代為管理。

康熙四十年代後，隨著客家人承墾能力的增強以及進墾人數的驟增，他們開始與閩南人分道揚鑣，展開競墾態勢。客家人的拓墾分中、南、北三路擴展。中線由濫濫莊向東方東港溪流域，即今竹田、萬巒、內埔三鄉境內開拓；竹田一帶十八莊即以後六堆組織中的中堆地區，萬巒一帶十二莊為以後六堆中的先鋒堆，內埔一帶十五莊為後堆地區，以上大小四十五莊，為南部客家人最集中，也是勢力最大的地區。北線為今麟洛、長治、里港等鄉境，開發較晚；麟洛、長治一帶二十莊為前堆地區，里港則為六堆組織中右堆二十七莊中最早形成的一莊。南線為今新埤、佳冬二鄉境，共十莊，即以後六堆組織中的左堆地區。這便是康熙六十年（1721 年）朱一貴事件時，客家團練所組成的十三大莊六十四小莊。當客家人積極進墾的時候，閩南人卻以更大的優勢北沿下淡水溪而上，開墾下淡水溪及其支流牛埔、武洛、隘寮等三溪流域，即今屏東市、九如鄉、鹽埔鄉、里港鄉的全部以及長治鄉、內埔鄉的一部分；中沿東港溪、隘寮溪而上，建立竹田鄉、崁頂鄉、潮州鎮、萬巒鄉等四鄉鎮內的鳳山厝等大莊；南沿海岸線南下，開拓今東港、南州、林邊、枋寮的全部以及新埤、佳冬二鄉的一部分。〔註20〕概而言之，閩南人的拓墾區域主要集中在下淡水溪下游到東港溪下游西岸一帶的衝擊平原和低濕沼澤地帶；客家人占墾所有沿山衝擊扇端水泉最為豐沛的內陸平原一帶，從而形成閩南人和客家人分據屏東平原東西兩側的族群分佈特徵。〔註21〕

二、中部地區

中部地區指洪雅族、巴布薩族、拍瀑拉族以及巴則海族的原居地，即今之漳化和臺中地區。康熙四十年代以前，中部地區是林木蔽天、荊棘遍地的

〔註19〕藍鼎元：《平臺紀略》，臺灣文獻叢刊第 14 種，臺灣銀行經濟研究室，1958年。
〔註20〕潘英：《臺灣拓殖史及其族姓分佈研究》，（上），南天書局出版，1990 年，第209 頁。
〔註21〕施添福：《國家與地域社會——以清代臺灣屏東平原為例》，載詹素娟、潘英海主編：《平埔族群與臺灣歷史文化論文集》，中研院臺史所籌備處，2001 年。

蠻荒之地。郁永河描述斗六門以北到處都是「林木如蝟毛，聯枝累葉，陰翳晝暝，仰視太虛，如井底窺天，時見一規而已。雖前山近在目前，而密樹障之，都不得見。唯有野猿跳躑上下，向人作聲，若老人欬，又有老猿，如五尺童子，箕踞怒視。」〔註22〕到了康熙四十年代以後，隨著清廷禁令的鬆弛，北路塘汛的設置以及臺南地區人地矛盾的尖銳，大陸渡臺的流移開墾之眾開始越過斗六門，轉向中部地區拓墾土地。

　　大陸移民在中部地區的拓墾呈現「海口多泉，內山多漳，再入與生番毗鄰，則為粵籍人。」〔註23〕的分佈狀況。換言之，漳泉籍閩南人的拓墾地區主要在沿海平原地帶，而廣東籍客家人的拓墾地集中在近山地區。至於為何會出現如此分佈境況，儘管多數學者認為是移民渡臺時間先後有別所致，即閩南人原居地最接近臺澎，移民來臺最早，故先占平原，後來的客家人只好佔據更遠的平原邊緣、丘陵和山地。但筆者並不贊同，因為閩南人與客家人進墾中部地區在時間上並無明顯的先後之別，他們其實是以「零星雜處，相對集中」的態勢，由沿海平原逐步向近山地區推移式進墾。至於「泉人近海，漳人居中，客人居內」的分佈狀況，可能是在移民原鄉的生活方式〔註24〕以及閩客分類械鬥等多種因素的綜合作用下經過長期演變而成。下文筆者將參考臺灣學界的研究成果，將客家人與閩南人在中部地區的拓墾情形作粗略概述。

　　彰化地區為洪雅族的大突社、貓羅社、大武郡社以及巴布薩族的東螺社、阿束社、馬芝遴社、眉里社等番社的原居地。雖然早在明鄭時期彰化地區已有大陸移民的拓墾活動，但大規模有組織的墾耕卻是發生在康熙年間。據臺灣學者潘英考證，康熙四十年代後，大陸移民接踵湧入彰化地區築埤開圳，拓墾荒埔。例如，大墾戶施世榜、楊志申、吳洛、黃志卿等先後修築八堡圳、十五莊圳、惡馬圳，大力拓墾彰化平原；康熙五十四年（1715年），黃利英入墾北斗一帶；雍正元年（1732年）丁作周贌墾大武郡社草地；雍正十二年（1734年）陳錦容拓墾阿束社荒埔巴巴里；乾隆初年蕭姓墾首承墾枋橋頭、紅毛社；等等。迨至乾隆中葉，彰化地區已基本拓墾完畢。

〔註22〕郁永河：《裨海紀遊》，卷中，臺灣文獻叢刊第 44 種，臺灣銀行經濟研究室，1959 年。

〔註23〕林豪：《東瀛紀事》，卷上，「鹿港防剿始末」，臺灣文獻叢刊第 8 種，臺灣銀行經濟研究室，1957 年。

〔註24〕施添福：《清代在臺漢人祖籍分佈和原鄉生活方式》，臺灣師大地理系，1987 年，第 180 頁。

在彰化地區拓墾中，閩南人與客家人幾乎是同時介入的。其中，閩南人拓墾的地方有秀水、花壇、芬園、大城、線西、二水、田中、福興、大村、鹿港等地，客家人拓墾的有二林、員林、埔心、永靖、埔鹽、社頭、溪湖等地。當然，上述各處均非純粹由閩南人或客家人獨力拓墾完成，而是在某一族群相對集中的情況，由各個族群共同開發。譬如，就現存的地名來看，客家人在彰化地區的分佈曾經相當廣泛，這表明他們的拓墾活動也曾遍佈彰化各地。但是，後來因閩客分類械鬥，彰化地區的客家人多於嘉、道年間遠遷東勢、卓蘭，而在員林、埔心、永靖、埔鹽、溪湖一帶者多與閩南人妥協，其語言及生活習慣竟逐漸福佬化，而變成所謂的「福佬客」，形成臺灣最大的福佬客區域。〔註25〕

大肚山以西的海岸平原為拍瀑拉族的大肚社、水里社、沙轆社、牛罵社的社域，此處因地利之便，拓墾甚早。康熙四十一年（1702年）漳籍閩南人首由鹿港登陸，向大肚社贌得土地，墾成大肚莊。雍正初年，墾戶嚴玉漳從沙轆社手中贌得南簡莊（今梧棲鎮）一帶土地，招徠閩南人與客家人共同墾耕，建南簡莊。雍正年間，有林、戴、石三姓閩南人合股請墾茄投（今龍井鄉），並經官方許可開闢田中央、龍目井一帶荒埔。由於大肚中北社番以其為祖先所遺之地，向官府提出抗議，官方乃撤銷允許，由原漢雙方均分其地。〔註26〕雍正九年（1731年），大甲溪北岸道卡斯族的大甲西社發生番變，拍瀑拉族的大肚社、水里社、沙轆社、牛罵社與巴布薩族的東螺社、西螺社、阿束社等皆捲入其中。事變平定後，清廷將沙轆社改名遷善社，牛罵社改名感恩社，並將兩社的部分土地獎賞給協助平變的巴則海族岸里社。大甲西事變使得中部平埔族群的勢力此消彼漲，原先最強盛的沙轆社遭受重創，元氣大傷。誠如劉良璧所感歎：「十年大甲西，作歹自驚惶。牛罵及大肚，挺而走高岡。蠢爾無知番，奮臂似螳螂；……憶此沙轆社，先年未受創……為言北路番，無如沙轆強：馬牛遍原野，黍稷盈倉箱；……一朝分箭起，焚殺自猖狂；蠻聲振半線，羽鏃若飛蝗。……危哉沙轆社，幾希就滅亡！皇恩許遷善，生者還其鄉；番婦半寡居，番童少雁行」。〔註27〕而居於臺中平原北部

〔註25〕潘英：《臺灣拓墾史及其族姓分佈研究》（上），南天書局，2000年，第340頁。

〔註26〕洪麗完：《大安、大肚兩溪間拓墾史研究》，《臺灣文獻》，第43卷第3期。

〔註27〕劉良璧：《重修福建臺灣府志》，卷二十，「藝文‧沙轆行」，臺灣文獻叢刊第74種，臺灣銀行經濟研究室，1961年。

的巴則海族岸里社則一躍成爲中部地區勢力最強的番社。〔註28〕

　　大甲西事變後，海岸平原地帶的平埔族群或因口糧無資，或因乏力耕作，或因乏銀費用，競相招引漢佃贌耕土地。例如，雍正十一年（1733年）感恩社以一甲土地輪番租八石，將秀水等十三莊承贌給閩南人與客家人墾耕，至乾隆二十九年（1764年）形成「牛罵街」，爲梧棲、葫蘆墩、東勢角間中繼市場。林爽文之亂後，客家人移居葫蘆墩，牛罵街遂成爲閩南人的地盤。雍正十三年（1735年），林姓業戶引大肚溪水修築大肚圳，灌漑田地六百餘甲，墾務益進。乾隆初年，業戶董顯謨引貓霧捒社流厝莊溪水築埤，循大肚山麓而西，修築王田圳，灌漑附近田地，並以「割地換水」的方式，由大肚社手中取得全堡土地之半。〔註29〕

　　臺中盆地的開發年代要稍晚於海岸平原地帶，拓墾者客家人與閩南人兼而有之。在臺中盆地拓墾中，漢人通事張達京積功甚偉。雍正年間，他與秦登藍、陳周文、廖朝孔、江又全、姚德心組成「六館業戶」，築埤開圳，以「割地換水」的方式從岸里社手中換取大片荒埔，邀同鄉前來大肆開墾，拓墾範圍包括臺中平原的西北部，包括今神岡鄉之北莊、大雅鄉之上下橫山、新莊、頂下員林、頂楓樹腳、六張犂、埔仔墘、十三寮、馬岡厝、員寶莊、花眉莊等，對臺中盆地北部的開發貢獻殊大。〔註30〕臺中盆地南部爲巴布薩族貓霧捒社的原居地。康熙中葉，閩南人張國在北路營參將任內，以代貓霧捒社納240兩番餉，取得埔地墾權，招佃開墾，建立「張興莊」。朱一貴之亂後，張氏將「張興莊」轉典於福建水師提督藍廷珍，莊名改爲「藍張興莊」。藍廷珍以其子藍天秀爲墾首，大量招徠族人入墾。雍正四年（1735年）閩浙總督高其倬在向清廷的奏摺裏稱，當時藍張興莊「聚墾田土者已二千餘人」。〔註31〕可見藍氏家族組織的拓墾隊伍規模之大，其對臺中盆地南部地區開發的貢獻自然不言而喻。乾隆初年，官府於大墩設營汛，各置千總、把總一員，駐屯數十兵丁，開墾事業自此迅猛推進，大小聚落陸續湧現。〔註32〕

〔註28〕　卓淑娟：《清代臺灣中部的漢番關係之研究》，東海大學歷史所碩士論文，1988年。
〔註29〕　洪麗完：《大安、大肚兩溪間墾拓史研究》，《臺灣文獻》，第43卷第3期。
〔註30〕　陳炎正：《臺中縣岸里社開發史》，臺中縣立文化中心，1986年，第39頁。
〔註31〕　林文龍：《臺灣中部的開發》，常民文化事業股份有限公司，1998年，第19頁。
〔註32〕　洪麗完：《大安、大肚兩溪間墾拓史研究》，《臺灣文獻》第43卷第3期。

　　乾隆中葉後拓墾區域推進到了近山地區。乾隆四十年（1775 年），潮州府大埔人劉啓東招客家人曾安榮、何福興、巫良基等渡過大甲溪，於東勢角北方竹頭料招佃墾荒，並築銃櫃二十四所，保護墾民安全。乾隆四十三年（1778年），客家人劉立中於則海族社僚角社屬地設僚，建社僚莊。乾隆五十七年（1792 年），客家人王振榮、陳亮亦募佃開墾石圍牆。嘉慶十三年（1808 年），客家人劉河滿招募 200 餘名平埔族群社民，開闢新伯公。嘉慶年間，張寧壽與五社頭目潘成元及隘首潘長安，組成 28 股佃人承墾大茅埔。乾、嘉之際，客家人江復隆率眾由東勢角入墾罩蘭，墾民常遭鄰近泰雅人的攻擊，江氏於是將產業轉讓於同藉人廖似寧。廖氏致力於和番，墾業乃成。道光年間，客家人廖天送又率眾大事開拓，罩蘭遂成附近各地之中心市場。道光二十四年（1844），客家人劉秉項開闢石壁坑（今東勢鎮），組成 36 股佃戶向岸里社取得土地，負擔養贍租分區開墾。〔註33〕

　　中部地區拓墾歷程總體上是先由海岸平原地帶，次及臺中盆地，最後達於近山地區，由西而東推移式前進。閩南人與客家人在拓墾中是以「零星雜處，相對集中」的格局展開競墾。

三、北部地區

　　北部地區是指道卡斯族、凱達格蘭族的原居地，即今之苗栗、新竹、桃園以及臺北、基隆等縣市所轄的大部分地區。據考證，北部地區大規模的開發應始於康熙四五十年間。

　　迄今爲止，學界在臺北盆地所發現的最早的拓墾文書，是康熙四十八年（1709 年）臺灣府鳳山縣頒發給「陳賴章」墾號的「大佳臘墾荒告示」〔註34〕。茲將其引錄於下：

　　　　臺灣府鳳山縣正堂紀錄八次署諸羅縣事宋，爲墾給單示，以便墾荒裕課事。據陳賴章稟稱：竊照，臺灣荒地現奉憲行勸墾，章查上淡水大佳臘地方，有荒埔一所，東至雷鼗、秀朗，西至八里分、幹脰外，南至興直山腳内，北至大浪泵溝，四至並無妨礙民番地界，

〔註33〕洪麗完：《大安、大肚兩溪間墾拓史研究》，《臺灣文獻》第 43 卷第 3 期。
〔註34〕尹章義認爲陳賴章是個墾號，而非人名，官府頒發的不是通常意義上的墾照，而是墾荒告示。尹章義：《臺北平原拓墾史研究》，載《臺灣開發史研究》，聯經出版事業股份有限公司，2003 年版，第 62～63 頁。

現在招佃開墾，合情稟叩金批給單示，以便報墾升科等情。業經批准：行。查票著該社社商、通事、土官查勘確覆去後，茲據社商楊永祚，夥長許總、林周，土官尾帙斗謹等覆稱：祚等遵依會同夥長、土官，踏勘陳賴章所請四至內高下不等，約開有田園五十餘甲，並無妨礙，合就據實具覆各等情到縣。據此，合給單示付墾。為此，示仰給墾戶陳賴章，即便招佃前往上淡水大佳臘地方，照四至內開荒墾耕，報課升科，不許社棍、閒雜人等騷擾混爭；如有此等故違，許該墾戶指名具稟赴縣，以憑拿究；該墾戶務須力行募佃開墾，毋得開多報少，致干未便，各宜凜遵，毋忽，特示。〔註35〕

「陳賴章」墾號因該告示而向被視為拓墾北臺地區的先鋒。從其請墾土地的四至來看，除了北投地區外，幾乎囊括了整個臺北平原。大約與此同時，墾戶陳國起請墾關渡以西至淡水一帶；戴天樞進墾凱達格蘭族蔴少翁社東勢一帶。〔註36〕康熙五十二年（1713 年），賴科、鄭珍、朱焜侯、王謨等四人合股，以「陳和議」為墾號，請墾了位於海山莊、內北投和坑仔口的三處草地。〔註37〕雍正六年（1728 年），郭光天向凱達格蘭族八里坌社承墾了南起芝芭里、三座屋，北至八里長道坑的土地，後來，他又與林合組成「施茂」墾號，承墾圭柔溪以南至淡水河的土地。〔註38〕乾隆年間胡焯猷和林作哲、胡習隆三人合組「胡林隆」墾號，開發了今成子寮、水碓、山腳、貴子坑、坡角、營盤一帶。〔註39〕此外，「林成祖」墾號開拓了板橋、中和、永和、新莊；張必榮拓墾了樹林、潘盛清拓墾了石門。〔註40〕總的來說，在康、雍年間，臺北平原及其附近地帶已基本被開闢完畢，後繼的移民乃逐漸向淡水河系的上游地帶，以及內湖、木柵、景美等丘陵山區移墾。

在臺北盆地拓墾中，閩南人居於主導地位。客家人因介入得較晚，只在萬華、新莊、景美、木柵、秀朗、內湖等地，以及附近的淡水、三芝、石門、土城、三峽、金山、萬里一帶有零散的拓墾點。道咸年間，閩客發生分類械

〔註35〕《清代臺灣大租調查書》，第一章第一節，「墾照」（三），臺灣文獻叢刊第 152 種，臺灣銀行經濟研究室，1963 年。

〔註36〕溫振華：《清代臺灣淡北地區的拓墾》，《臺灣風物》第 55 卷第 3 期。

〔註37〕張福壽：《樹林鄉土志》，樹林信利購販組合，1938 年，第 8 頁。

〔註38〕溫振華：《清代臺灣淡北地區的拓墾》，《臺灣風物》第 55 卷第 3 期。

〔註39〕尹章義：《臺北平原拓墾史研究》，載《臺灣開發史研究》，聯經出版事業股份有限公司，2003 年版，第 74 頁。

〔註40〕盛清沂：《臺北縣志》，臺北縣文獻委員會，1960 年。

鬥，客家人戰敗，逐漸移往中壢、桃園、新竹，臺北盆地遂爲閩南人獨佔。
〔註41〕

　　桃園臺地緊鄰臺北盆地南緣，但其拓墾時間卻顯然晚於臺北盆地。其實，它的拓墾在一定程度上可以說是臺北盆地拓墾的自然延申。例如，康熙五十二年（1713年）「陳和議」墾號請墾的坑仔口草地就位於桃園境內，這也是桃園地區最早、最可信賴的拓墾紀錄。到了乾隆年間蜂擁而至的移民掀起了拓墾桃園地區的高潮。乾隆二年（1737年），客家人薛啓隆率眾數百名進墾虎茅莊，其拓墾範圍東到龜侖嶺，西到崁仔腳，南至霄里，北迄南崁。〔註42〕爾後，閩南人呂廷玉、邱德發、吳兩全，以及客家人江仰輝、巫玉富二兄弟、巫永蘭六兄弟相繼入墾道卡斯族南崁社域。〔註43〕到乾隆二十年代，南崁一帶的墾區已擴展至坪頂、大湖、苦苓林、茶公堂、山尾、西勢湖、頂湖、下湖、員林坑及龜侖口一帶。〔註44〕此外，本區較有影響的拓墾活動還有閩南人郭振岳拓墾大溪墩及檳榔莊；郭光天、郭樽開拓中壢；客家人謝秀川、賴基郎拓墾大姑陷等。總體上，自乾隆中葉桃園地區大規模開發以來，閩南人多集居於今桃園市及其附近的沿海地區，客家人多集居於偏內陸地區，彼此壁壘森嚴，械鬥不止。

　　新竹、苗栗及臺中大甲溪以北地區是道卡斯族的居住地。道卡斯族通常被劃分爲三大社群，自北而南分別是竹塹社群、後壟五社、蓬山八社。〔註45〕竹塹社群居住於新竹地區。在新竹的開發過程中，閩南人王世杰是個極其重要的人物。他於康熙四十年代率鄉黨百餘人渡臺後聚居於今新竹市東門附近，初以米酒結好竹塹社民，拓墾東門街，揭開了新竹開發序幕。繼後，墾務益進，至康熙末年，竹塹一帶到香山附近的南莊二十四莊和北莊十三莊已

〔註41〕林再復：《臺灣移民開發過程中的族群衝突、對立與融合》，《臺灣源流》（上），1996年，第1期。

〔註42〕桃園廳：《桃園廳志》，成文出版社影印，1985年。

〔註43〕洪敏麟：《臺灣舊地名之沿革》，（第一冊），臺灣省文獻委員會，1984年版，第39頁。

〔註44〕詹素娟、張素玢：《北臺灣平埔族群史》，臺灣省文獻委員會，2001年，第187頁。

〔註45〕將大甲溪到鳳山溪之間的原住民分爲竹塹、後壟五社、蓬山八社等三大社群，是清代以後的事，其劃分依據除了地理位置接近外，還應與社餉的徵收有關。至於此三大社群被統稱爲道卡斯族，則是日本學者伊能嘉矩按照語言分類的結果。詹素娟、張素玢：《北臺灣平埔族群史》，臺灣省文獻委員會，2001年，第209～210頁。

大抵墾成。〔註46〕雍正三年（1725 年）客家人開始加入拓墾行列，到了乾隆年間，客家移民人口更有後來居上之勢，客家人村莊陸續在新竹、竹北、新豐、香山等地形成。

　　值得注意的是，竹塹地區開發過程中所謂的「莊」並非都是通常意義上的村莊，有的其實是「墾區莊」。施添福在《清代竹塹地區的「墾區莊」——萃豐莊的設立和演變》一文中對「墾區莊」如是解釋：墾區莊是墾戶在向社番取得墾批，以及向官府申請墾照時，爲便於在公文書上指稱其墾區，而事先設定的莊。它在性質上既不同於移民基於開墾需要聚集某地所形成的自然村，亦異於官府基於行政司法管理需要所設立的行政村。自然村或行政村都是在有聚落以後才出現村莊，而墾區莊則是在尚無漢人聚落時，就先有了「村莊」。〔註47〕例如，雍正六年（1728 年），泉人郭光天組立的芝巴里莊和澗仔歷莊，雍正十一年（1733 年）郭奕榮組立的貓爾錠莊，雍正十三年（1735 年），「汪仰詹」墾號成立的萃豐莊，郭振岳組立的大溪墘莊皆屬此類型。〔註48〕

　　苗栗地區爲道卡斯族後壟五社及蓬山八社的居住地。大陸移民拓墾本社域的最早記載爲康熙三十年（1691 年）金門人陳、謝、鄭三姓經澎湖來臺，在後壟沿海捕魚，後遂定居其地，漸事農墾。〔註49〕但苗栗地區大規模的拓墾應在康熙五十年代以後。相傳康熙五十年（1711 年），曾有北路營戍兵武官招佃墾荒，漳州籍閩南人張徽揚應募承墾公館仔與海口莊。〔註50〕康熙末年，漢人漸次進墾後壟一帶，有杜、謝、陳、蔡等姓，率眾二百餘人，購得後壟社荒埔以居，稱後壟莊。〔註51〕雍正年間，莊文榜等招佃瞨

〔註46〕盛清沂：《新竹、桃園、苗栗三縣地區開闢史》，（上），《臺灣文獻》第 31 卷第 4 期。

〔註47〕施添福：《清代竹塹地區的「墾區莊」——萃豐莊的設立和演變》，載《清代臺灣的地域社會——竹塹地區歷史地理研究》，新竹縣文化局，2001 年，第 37 頁。

〔註48〕施添福：《清代竹塹地區的「墾區莊」——萃豐莊的設立和演變》，載《清代臺灣的地域社會——竹塹地區歷史地理研究》，新竹縣文化局，2001，第 41 頁。

〔註49〕苗栗縣文獻委員會：《臺灣省苗栗縣志》，卷四，1960 年，第 117 頁。

〔註50〕盛清沂：《新竹、桃園、苗栗三縣地區開闢史》，（上），《臺灣文獻》第 31 卷第 4 期。

〔註51〕劉慧眞：《清代苗栗地區之族群關係》，國立臺灣師範大學歷史研究所碩士論文，1994 年，第 91 頁。

墾中港社中港、田僚、三座屋、流水潭、海口莊、東興莊、香山莊一帶。乾隆二年（1737 年），客家人謝鵬仁、謝雅仁、謝昌仁、謝成仁兄弟於後壟登陸後，與後壟社立約，進墾維祥、內麻及芒埔一帶荒埔。〔註 52〕乾隆四年（1739 年），泉州籍閩南人林耳順率閩、粵籍移民 30 餘人，由香山進入中港，瞨墾土牛口、土牛、後莊、四份仔、半天僚、山下排、蟠桃、二十份、青埔仔一帶荒埔。〔註 53〕乾隆五年（1740 年），閩南人張、翁、林三姓，與中港社立約，入墾三角店荒埔，招徠晉江、惠安、安溪、同安四縣移民約三、四十人與中港社民雜居，開闢甚速，到乾隆三十六年（1761 年）已墾成三四百戶之大聚落。〔註 54〕

　　總的來說，清代閩南人與客家人拓墾臺灣土地的歷程是先便利地開闢完西拉雅族所居住的臺南舊墾區，在康熙四十年代後南北兩路同時並進地漸次深入馬卡道族、洪雅族、巴布薩族、拍瀑拉族、巴則海族、道卡斯族以及凱達格蘭族等族群所聚居的未墾區，至乾隆末年基本上已將西部平原及丘陵地帶適宜耕作的荒埔拓墾殆盡。客家人與閩南人儘管語言、習俗各不相同，但拓墾初期尚能相互配合，並耕同處。後來，隨著人地矛盾日益嚴峻，客家人與閩南人開始為爭奪土地、水源等自然資源而時起衝突，最後竟發展成經年不息的大規模分類械鬥，給雙方民眾的生命、財產造成無法估量的損失，也極大地制約了臺灣社會的發展速度。

第二節　閩客械鬥

　　清代渡臺的閩南人與客家人面對草萊初闢的艱苦環境，為求生存、發展和防禦原住民的襲擊，一般以祖籍或方言為認同基礎，按照地緣分類聚居。這種情形就像姚瑩在《答李信齊論臺灣治事書》中所說的那樣：「臺灣之民，不以族分，而以府為氣類。漳人黨漳，泉人黨泉，粵人黨粵。」〔註 55〕閩南人與客家人來自械鬥盛行的閩南、粵東，他們很自然地習染故鄉爭勇鬥狠的

〔註 52〕陳運棟：《桃竹苗地區早期族群關係與開發初探》，《苗栗文獻》，第 8 期，第 106 頁。

〔註 53〕黃鼎松編：《苗栗開拓史話》，苗栗縣立文化中心，1991 年，第 42 頁。

〔註 54〕張素玢：《從契字看後壟社群的分化與貧化》，《臺灣文獻》第 54 卷第 1 期。

〔註 55〕姚瑩：《中復堂選集東溟文集》，卷四，「答李信齊論臺灣治事書」，臺灣文獻叢刊第 83 種，臺灣銀行經濟研究室，1960 年。

風氣，加上當時臺灣特有的政治、經濟及社會環境的影響，雙方又有氣質、個性、語言、習俗上的差異，初為墾田、界限、水利等利益相爭，始則口角、繼而動武，終至釀成大規模的分類械鬥。周凱曾對清代臺灣社會的分類械鬥情況有如是描述：「其民閩之泉、漳二郡，粵之近海者往焉。閩人占瀕海平曠地，粵人居近山，誘得番人地辟之，故粵富而狡，閩強而悍，其村落，閩曰閩莊，粵曰粵莊，閩呼粵人為客，分氣類，積不能，動輒聚眾持械鬥，平居亦有閩粵錯處者，鬥則各依其類，閩粵鬥則泉漳合，泉漳鬥則粵伺勝敗，以乘其後，民情浮而易動。」〔註56〕

如前所述，客家人直到康熙三十五年（1696年）施琅去世後始得渡臺。起初，他們多集聚在屏東平原，充當閩南人的佃戶。後來，雙方因爭奪土地，關係開始有所疏離，但並未決裂。然而，康熙六十年（1721年）的朱一貴事件使得客家人與閩南人徹底處於敵對狀態。其實，就朱一貴的供詞來看，這是起典型的「官激民反」，而且事變初期以朱一貴為首的閩南人起義兵與杜君英所率領的客家人起義兵還互相協作，共同抵抗圍剿的清兵。不幸的是，後來朱一貴與杜君英產生矛盾，導致雙方互相火拼。據《平臺紀略》記載，朱一貴與杜君英反目成仇的原因是這樣的：「臺中群賊互爭雄長。……先是君英入府時，欲立其子杜會三為王，眾不服，立一貴。君英故恚甚，每事驕蹇，掠婦女七人閉營中。而一貴出令禁淫掠。戴穆強娶民間婦女，一貴殺之。以洪陣私鬻偽箚，並殺洪陣。君英所掠女，有係吳外戚屬者，外請釋之，不聽，怒欲相攻。一貴遣楊來、林璉往問，君英收縛來、璉。一貴怒，密謀李勇、郭國正等整兵圍攻君英，敗之。」〔註57〕客家人失敗後，為求自保，遂聯合東港溪中游地區的十三大莊、六十四小莊，糾集一萬二千餘名壯丁，按照地域組成先鋒營、中營、左營、右營、前營、後營、巡查營等「七營」的民兵團練，「建大清義民旗，供奉皇帝萬歲牌」，轉而協助清兵鎮壓閩南人。自此以後，閩南人與客家人反目成仇，積怨日深，展開長達百餘年的分類械鬥，相互殘殺不已。以下是康熙末年至光緒初年臺灣發生的部分閩客械鬥列表。

〔註56〕周凱：《內自訟齋文選》，「記臺灣張丙之亂」，臺灣文獻叢刊第82種，臺灣銀行經濟研究室，1960年。

〔註57〕藍鼎元：《平臺紀略》，臺灣文獻叢刊第 14 種，臺灣銀行經濟研究室，1960年。

表五：清代臺灣閩客械鬥表 [註58]

案次	年　　代	發生地點	發生類型	發生要素
1	康熙六十年（1721 年）	鳳山縣	閩客械鬥	民變提升為械鬥
2	雍正元年（1723 年）	鳳山縣	閩客械鬥	分類復仇
3	雍正十年（1732 年）	鳳山縣	閩客械鬥	民變提升為械鬥
4	乾隆三十三年（1768 年）	鳳山縣	閩客械鬥	民變提升為械鬥
5	乾隆四十二年（1777 年）	淡水廳	閩客械鬥	爭地引起械鬥
6	乾隆四十八年（1783 年）	淡水廳	閩客械鬥	爭墾土地械鬥
7	乾隆五十一年（1786 年）	彰化縣	漳與泉粵械鬥	民變提升為械鬥
8	乾隆五十五年（1790 年）	彰化縣	漳粵與泉械鬥	懼泉人漳粵結盟
9	嘉慶四年（1797 年）	哈仔難	閩客械鬥	爭地引起械鬥
10	嘉慶十一年（1806 年）	哈仔難	泉粵番與漳鬥	爭地引起械鬥
11	嘉慶十四年（1809 年）	淡水廳	漳粵泉械鬥	姦情引起械鬥
12	嘉慶十四年（1809 年）	哈仔難	泉粵番與漳鬥	爭地引起械鬥
13	道光六年（1826 年）	嘉義縣	閩客械鬥	竊豬引起械鬥
14	道光十二年（1832 年）	嘉義縣	閩客械鬥	採芋引起械鬥
15	道光二十一年（1841 年）	鳳山縣	閩客械鬥	民變提升為械鬥
16	道光二十四年（1844 年）	彰化縣	閩客械鬥	賣菁仔引起械鬥
17	咸豐三年（1853 年）	鳳山縣	閩客械鬥	民變提升為械鬥
18	咸豐四年（1854 年）	淡水廳	閩客械鬥	偷牛引起械鬥
19	同治元年（1862 年）	彰化縣	漳與泉粵械鬥	民變提升為械鬥
20	光緒元年（1875 年）	鳳山縣	閩客械鬥	牧童口角引起械鬥
21	光緒八年（1882 年）	淡水廳	閩客械鬥	爭墾引起械鬥

　　由上表可得出如下推論：其一，械鬥發生的地點隨時間先後呈由南向北拓展的態勢，這與臺灣的土地拓墾進程基本一致。其二，械鬥主要集中在乾隆、嘉慶和道光年間。康、雍年間，臺灣的開發僅止於臺灣縣、鳳山縣一帶，荒埔尚多，閩南人與客家人相安無事。但乾隆中葉以後，因諸羅縣以北的彰

────────────────

〔註58〕林偉盛：《羅漢腳：清代臺灣社會與分類械鬥》，自立晚報社，1993 年，第 49
　　～58 頁。

化、埔里、新竹等地已次第開發，可墾之地日益減少。故而閩南人與客家人屢爲爭墾而械鬥。其三，閩客械鬥的原因既多且雜，雙方有時竟然因竊豬、探芋、口角等雞毛蒜皮小事而大動干戈，互相殘殺。

眾所周知，無論在任何時空中，人們因土地、水源、甚至日常生活中的瑣事而發生爭執的事情比比皆是，爲何清代臺灣的閩南人與客家人極易因此而演變成大規模的分類械鬥呢？究其原委，這可能與當時臺灣特殊的政治、經濟、文化與社會因素有莫大關聯。

首先，政治層面上，清廷的腐敗統治及其「以客治閩」的「分而治之」策略激化了閩客矛盾。清廷收復臺灣後，曾因其去留問題猶豫不決，最後雖在施琅的力爭下，康熙帝勉爲其難地在臺灣設置一府三縣，將其納入行政版圖，但卻長期視之爲「外化之地」，施行消極的統治策略，目的僅在於不使臺灣再度成爲反清淵藪。一方面，清廷派往臺灣的官吏基本上是不被重用者，而且任期都較短，這使他們常存五日京兆之心，「視臺灣爲傳舍，遇事推諉，苟且偷安。」另一方面，清廷規定赴臺官吏不得攜家眷同往。這實質上是一種變相的人質扣留，以官員家屬爲人質，對他們進行牽制和約束。清廷「志不在經世治民」的政策對赴臺官吏的心理造成巨大的負面影響，所謂「人既視我爲異己，我又何必效其死力，」〔註 59〕他們多「不肯盡心竭力任地方安危之寄。」

清廷對臺消極保守的任官制度勢必滋生貪污腐敗。道光末年，臺灣道徐宗幹曾說：「各省吏治之壞，至閩而極，閩省吏治之壞，至臺灣而極。」〔註60〕藍鼎元亦云：「文恬武嬉，兵有名而無人，民逸居而無教，官吏孳孳以爲利藪，沉湎漫蒲，連宵達曙。」〔註 61〕駐臺官吏魚肉百姓而又玩忽職守的作風致使民有怨恨，無處伸張，只得揭竿而起。光緒年間擔任福建巡撫的丁日昌說：「臺灣吏治暗無天日，牧令能以撫字教養爲心者，不過百分之一二，其餘非性耽安逸，即剝削膏脂，百姓怨毒已深，無可控訴，往往鋌而走險，釀成大變者，臺灣所以相傳『無十年不反』之說也。」〔註 62〕清廷的腐化統治使

〔註 59〕張菼：《清代初期治臺政策的檢討》，《臺灣文獻》第 21 卷第 1 期，1970 年。

〔註 60〕徐宗幹：《答王素園同年書》，載《治臺必告錄》，臺灣文獻叢刊第 17 種，臺灣銀行經濟研究室，1959 年。

〔註 61〕藍鼎元：《平臺紀略》，臺灣文獻叢刊第 14 種，臺灣銀行經濟研究室，1960 年。

〔註 62〕丁日昌：《參撤嘉義縣知縣片》，丁中丞（日昌）《政書》，文海出版社，1983 年，第 482 頁。

得臺灣民變迭起，卻又無力鎮壓，於是便採取「以客治閩」的「分而治之」策略。朱一貴事件後，閩南人與客家人反目成仇，械鬥不息。客家人爲求自保，組織武裝團練，對抗閩南人。清廷發現閩客族群間存在較大矛盾，於是開始刻意拉攏和扶植勢力相對較弱的客家人，以協助其鎮壓時常叛亂的閩南人。清廷坐收漁翁之利的「以客治閩」策略極大地激化了閩客矛盾，加劇了閩客械鬥。

其次，經濟層面上，爭奪土地、水源等自然資源是閩客族群發生械鬥最爲主要的原因。閩南人和客家人移居臺灣的根本目的在於獲取土地墾耕，所以他們渡臺後對土地尤爲重視。清廷平臺初期，臺灣到處是林莽荒穢，宿草沒肩之地，故而閩客族群極少因爭地而發生械鬥。但乾隆中葉以後，隨著臺灣西部適宜耕作的土地逐漸被拓墾殆盡，人多地少的矛盾日益突出，閩客族群開始屢爲爭地而械鬥。例如，嘉慶年間宜蘭〔註 63〕平原開發過程中，漳、泉、粵三籍移民爲爭奪土地經常互相殘殺。《東槎紀略》記曰：「漸開地至二圍、湯圍。亦時有爭鬥，⋯⋯益進墾至四圍。是時漳人益眾，分地得頭圍至四圍、辛仔羅罕溪。泉籍初不及二百人，僅分以二圍菜園地，人一丈二尺。粵人未有分地，民壯工食仰給於漳。四、五年間，粵與泉人鬥，泉人殺傷重，將棄地走；漳人留之，更分以柴圍之三十九結、奇立冊二處，人四分三釐。⋯⋯七年，三籍人至益眾。漳人吳表、楊牛、林碏、簡東來、林膽、陳一理、陳孟蘭，泉人劉鍾，粵人李先，乃率眾一千八百十六人進攻，得五圍地，謂之九旗首，每人分地五分六釐。漳得金包里、股員山、仔大、三鬮深溝地。泉得四鬮、一四鬮、二四鬮、三渡船頭地，又自開溪洲一帶。粵得一結至七結地。⋯⋯十一年，山前漳、泉械鬥，有泉人走入蛤仔難者，泉人納之，亦與

〔註63〕宜蘭原名噶瑪蘭。它是大陸移民用生活在該地區的一群自稱噶瑪蘭（Kavalan或 Kavanan）的原住民之族名的漢語音譯來指稱這個新發現的地方。由於是族名音譯，其拼寫法往往因人而異，從而產生許多異名。例如，黃叔璥的《番俗六考》、陳夢林的《諸羅縣志》、藍鼎元的《東征集》和高拱乾的《臺灣府志》均稱作「蛤仔難」，而蕭竹友的《甲子蘭記》稱爲「甲子蘭」，鄭兼才的《鄭六亭集》寫作「蛤仔欄」，方吉龍的《陳臺灣事宜十二則》稱爲「甲子爛」，福州將軍賽沖阿奏摺中稱作「蛤仔蘭」，郁永河的《裨海紀遊》稱「蔂雅蘭」或「蔂雅藍」。嘉慶十五年（1810 年）閩浙總督方維甸在「奏請噶瑪蘭收入版圖狀」中云：「地名噶瑪蘭，係蕃語。閩音不正，訛爲蛤仔難」。至此，「噶瑪蘭」之名始正式出現。到了光緒元年（1875 年），清廷廢廳設縣，改「噶瑪蘭廳」爲「宜蘭縣」，「宜蘭」之名遂又成爲通說。

漳人鬥，阿里史諸番及粵人本地土番皆附之，合攻漳人，不勝，泉所分地盡為漳有，僅存溪洲。鬥幾一年始息。」〔註64〕

　　臺灣島東西窄、南北長，中央山脈自北向南縱貫全境，四周為狹小的平原和縱谷。這種地形極易使住在山區的客家人與住在平原的閩南人發生衝突。因為春夏多雨季節，山高水急，客家人急於洩洪，結果造成平原氾濫成災，閩南人深受其害。對於客家人「以鄰為壑」的做法，閩南人當然絕不容許，而閩南人阻遏洪水假道又很難為客家人所接受。秋冬枯水期，客家人往往築壩截圍，阻水灌溉，結果造成下游嚴重缺水，閩南人對此自然絕難容忍。於是乎，不論豐水期還是枯水期，處於不同地理位置上的客家人與閩南人在水源問題上始終存在矛盾糾葛，雙方經常發生衝突。

　　再次，文化層面上，閩客族群爭勇鬥狠、尚氣輕生的民族性情，以及同鄉聚居的分佈特徵易於導致雙方發生械鬥。移居臺灣之前，閩客族群在原鄉就經常械鬥。渡臺後，他們不僅把好強鬥狠的風氣帶到了臺灣，而且愈演愈烈。姚瑩曰：「臺灣在大海中，波濤日夕震撼，地氣本浮動而不靜，其人皆來自漳、泉、潮、嘉，尚氣輕生而好利。睚皆之怨，列械為鬥，仇殺至於積世。故自孩幼，即好弄兵，視反亂為故常。」〔註65〕閩客族群尚氣輕生、逞強好勝的性情使他們往往因雞毛蒜皮小事而發生械鬥。再者，閩客族群渡臺後多按照方言和地緣分類聚居，彼此絕少往來，壁壘森嚴。這種分佈特徵易於形成高度的族群認同感，生發出強烈的對外排他性，特別是在遠離故土的臺灣，閩客族群對於我群與他類的界分甚為在意，並往往因此小事變大，滋生出大規模的分類械鬥。

　　最後，社會層面上，臺灣性別比例失衡、遊民鳩集的狀況加劇了閩客械鬥。清廷為防止臺灣再度成為反清基地，規定入臺者不得攜帶家眷，結果造成臺灣性別比例嚴重失衡。至於清代臺灣男女比例懸殊到何種地步，藍鼎元對此有所描述「統計臺灣一府，惟中路臺邑所屬，有夫妻子女之人民。自北路諸羅、彰化以上，淡水、雞籠山後千有餘里，通共婦女不及數百人；南路鳳山、新園、琅橋以下四五百里，婦女亦不足數百人。」〔註66〕性別比例的

〔註64〕姚瑩：《東槎紀略》，卷三，「噶瑪蘭原始」，臺灣文獻叢刊第 7 種，臺灣銀行經濟研究室，1957 年。

〔註65〕姚瑩：《中復堂選集東溟文後集》，卷六，「與湯海秋書」，臺灣文獻叢刊第 83 種，臺灣銀行經濟研究室，1960 年。

〔註66〕藍鼎元撰，蔣炳釗、王鈿點校：《鹿洲全集》，廈門大學出版社，1995 年，第 805 頁。

嚴重失衡造成臺灣遊民鳩集。每當閩客發生械鬥時，整日無所事事的遊民就挑唆誘導，煽動滋事，以便趁機搶奪財物、謀取私利。陳淑均在《噶瑪蘭廳志》中說：「匪人乘此，播為風謠，鼓動全臺。閩人曰：『粵人至矣！』粵人曰：『閩人至矣』，結黨成群，塞隘門，嚴竹圍，道路不通，紛紛搬徙。匪人即從此焚其廬舍，搶其家資。哭聲遍野，火光燭天，互相鬥殺，肝腦塗地。」〔註67〕遊民的煽動和介入使得閩客械鬥往往愈演愈烈，蔓延更廣。例如，道光十二年（1832年），嘉義縣的客家人與閩南人因採芋頭引發的械鬥，經遊民挑唆誘導、煽風點火，迅速蔓延至南路鳳山縣、北路淡水廳等處。

每當分類械鬥發生時，短則數日，長則達數月之久，造成巨大的人員傷亡和財產損失。例如，道光九年（1829年）臺邑恩貢生林師聖，對屏東平原閩南人與客家人周而復始，相欺相殘的分類械鬥有如是觀察：「嗣後地方安靖，閩每欺粵，凡渡船、旅舍、中途多方搜索錢文。粵人積恨難忘，逢叛亂，粵合鄉莊聚類蓄糧，聞警即籍義出莊，擾亂閩之街市、村莊，焚搶擄掠閩人妻女及耕牛、農具、衣服、錢銀無算，擁為己有，仇怨益深。吳福生反時，閩受粵之報復已慘，至黃教之亂，荼毒閩人尤甚。……林爽文反，南路粵人蹂躪莊市尤甚。賊首莊大田、莊錫舍等，合眾力攻粵莊不得入，閩人被粵人擒殺極多。父母凍餓，兄弟妻子離散，不計其數。」〔註68〕再如，《彰化縣志》載：「自是各處奸徒並起，互相焚殺，數月不休。而最慘者惟沙轆一帶泉人，望風而遁，渡海溺死，及被沿途戮殺，不可勝計。」〔註69〕《東瀛紀事》云：「咸豐年間，淡水漳、泉民分類械鬥，焚毀街莊數處，死者山積，幾於蔓延不可收拾。其時彰化無籍遊民，多相率至淡水受雇，即泉屬所雇者，已不下萬人，屯營相望。」〔註70〕「械鬥之興，每出於僻壤強鄉，小者虜人，大者『榮厝』，連鄉而鬥，劃界而居，相拒者以累年計也。被害或小，則人口失傷；被害者或深，則巢穴烏有。雖有田廬，棄而不守，雖有園畝，荒而不治。」〔註71〕

閩客械鬥不僅造成無可估量的人員傷亡和財產損失，而且致使臺灣文化

〔註67〕陳淑均：《噶瑪蘭廳志》，卷五，（上），臺灣文獻叢刊第160種，臺灣銀行經濟研究室，1963年。

〔註68〕陳國瑛等：《臺灣採訪冊》，「紀事」，臺灣文獻叢刊第55種，臺灣銀行經濟研究室，1961年。

〔註69〕周璽：《彰化縣志》，臺灣文獻叢刊第156種，臺灣銀行經濟研究室，1962年。

〔註70〕林豪：《東瀛紀事》，臺灣文獻叢刊第8種，臺灣銀行經濟研究室，1957年。

〔註71〕洪棄生：《寄鶴齋選集》，「彰化興利除弊問對」，大通書局，1987年，第5～6頁。

發展停滯不前，甚至出現衰退現象。政治安定和經濟繁榮有利於文化的創造和發展，反之，則會破壞和阻礙文化的發展。每當械鬥發生後，閩客族群常阻絕道路，自覺抵制對方的文化交流訴求，破壞對方的文化遺存，甚至非理性地擯棄早已融合在己方文化中的對方文化元素，結果極大地延緩了中華文化在臺灣拓展。

綜上所述，清代臺灣的閩客械鬥在乾隆至同治年間最爲頻繁，光緒以後次數逐漸減少。而就械鬥空間的分佈來看，呈由南向北發展的態勢，這與臺灣的土地拓墾進程基本吻合。清代臺灣閩客分類械鬥的原因錯綜複雜，它是在政治、經濟、文化與社會等多種因素綜合作用下的結果。閩客械鬥造成大量無辜百姓被殺，財產被毀，延長了臺灣由蠻荒的原住民社會向漢人農耕社會轉變的進程。

第三節　閩客的合作與融合

迄今爲止，學界對清代臺灣閩客關係的研究雖已甚爲精深，成果豐碩，但多注重探討閩客衝突，對於雙方的合作卻有所忽略。事實上，在臺灣拓墾過程中閩南人與客家人雖然競爭激烈、械鬥頻繁，但面對林莽荒穢的環境和嗜殺成性的原住民，他們爲了生存發展與互利共贏也存在較多合作。不僅如此，他們還在長期的互動中催生了一種新的群體──「福佬客」。

一、閩客合作

閩南人和客家人渡臺後，迫於生存壓力，曾在不同的境況中攜起手來共同應對挑戰，克服困難。他們的合作形式多樣，內容繁雜，難以盡述。不過，總體來看，土地拓墾和文化交流是閩客合作最主要的內容。

（一）土地拓墾

清廷平臺後，生活在閩粵沿海地帶的閩南人和客家人見臺灣草萊新闢，曠土尚多，原住民土地觀念淡薄，不諳耕作，於是如過江之鯽般紛紛渡海而來，尋求土地墾耕，以養家糊口或投資營利。但清初臺灣的社會與自然環境並非像移民想像中的那樣「一到臺地，上之可以致富，下之可以溫飽。」〔註

〔註72〕《清經世文編選錄》，「不當禁良民之渡」，臺灣文獻叢刊229種，臺灣銀行經濟研究室，1966年。

72）其實，當時臺灣的自然環境非常惡劣。《臺灣府志》載：「鳳山以南至下淡水等處，早夜東風盛發，及晡鬱熱，入夜寒涼，冷熱失宜。以水土多瘴，人民易染疾病。」〔註73〕《裨海紀遊》云雞籠、淡水等地，「人至即病，病輒死，凡隸役聞雞籠、淡水之遣，皆欷歔悲歎，如使絕域。水師例春秋更戍，以得生還爲幸。」〔註74〕此外，移民還時刻面臨著原住民「出草」的威脅，「耕種採樵，每被土番鏢殺，或放火燒死，割去頭顱。」〔註75〕故而，閩南人與客家人若要順利拓墾，站穩腳跟，唯有進行適度的合作。概而言之，他們在土地拓墾方面的合作主要有「閩業客佃」和「閩客合股」兩種形式。

其一，閩業客佃。如前所述，清代渡臺的移民類型分爲追求生存型與投資營利型。豪強大族挾鉅資來臺，以「繳納番租」或「貼納番餉」的形式向原住民租賮大片土地，然後將土地分成小塊，招引來臺尋求生存機會的漢人墾耕，此種拓墾形式稱爲「墾首制」。平臺初期，施琅禁止客家人渡臺，所以墾首多爲閩南人。殆至施琅死後，客家人始得渡臺。不過，他們發現南部適宜耕作的土地都已經被閩南人基本租賮完畢，所以爲了站穩腳跟，他們只得充當閩南人的「佃戶」，實行「閩業客佃」式的合作。至於「閩業客佃」的具體情況，筆者已在閩客競墾那一節中作了較爲詳細的闡述，不再贅述。

其二，閩客合股。在清代臺灣開發過程中，合股拓墾土地是閩南人與客家人最爲主要的合作形式。「金廣福」墾隘是閩客合股的典範，臺灣學者林再復曾對其有甚爲詳細的論述，在此不妨引錄於後，以便具體而微、以點帶面地展現閩客合股情形。

> 吾人從「金廣福」閩粵二籍捐資股戶的名冊可得知其合作情形：
> 在城閩籍的周邦正、林恒升、鄭恒利、李陸茂、鄭益號、德隆號、
> 羅德春、鎰泰號、金桔號（即吳金桔）、新瑞芳、童泉升（即童升）、
> 童高秀、蘇泉吉（即蘇升）、集源號、林瑞源、林同興（即林碧）、
> 金逢泰、瑞吉、振裕號（即郭振裕）等同爲塹城商號，萬泉號爲大
> 甲鋪戶，他們除在塹城經商，亦從事土地投資成爲租戶，如金逢泰、

〔註73〕高拱乾：《臺灣府志》卷七，「風土志·氣候」，臺灣文獻叢刊第 65 種，臺灣銀行經濟研究室，1960 年。
〔註74〕郁永河：《裨海紀遊》，臺灣文獻叢刊第 44 種，臺灣銀行經濟研究室，1959 年。
〔註75〕黃叔璥：《臺海使槎錄》，臺灣文獻叢刊第 4 種，臺灣銀行經濟研究室，1957 年。

林同興均爲頂元山的業戶；陵茂號、恒利號所擁的租權更多。部分
殷戶尚擁有功名，如恒利號之鄭家擁有功名者七十一名，由科舉出
身的有二十二名；陵茂號之李家有功名者計二十六名，由科舉出身
者計十名。在鄉粵籍的姜秀鑾家、林先坤家、劉世成家、蕭立榮、
彭三貴、張貽青等均爲歷代從事農墾的農墾的家族。

　　閩籍捐股殷神多爲塹城鋪戶，從事商業活動，故閩股是在城商
業資金鳩合而成；粵籍捐戶則多爲農業拓墾者，他們具有拓荒者的
精神，遷臺灣後就不斷尋找耕地，從事農墾活動，故粵股是在鄉農
墾資金集成。因此，「金廣福」籌組時其資金是鳩集在城閩籍商業資
金與在鄉粵籍農墾資金所組成。而「金廣福」閩粵合作是官方全盤
治安的要求，配合閩籍尋求商業資金的出路及粵籍對耕地的渴望，
加上樟腦之利的誘因，使得當時在地緣意識強烈，閩粵械鬥頻聞情
況下產生合資經營的墾號。由於閩粵合資合墾，乃由兩籍捐戶各推
一人以爲該籍墾戶首代理經營「金廣福」的業務，故實際掌握「金
廣福」業務者應爲閩粵兩籍墾戶首，分別負責金廣福在城與官方的
交涉及其他事宜，以及在鄉設隘募丁防番取地墾闢的工作，經官認
可給予戳記。「金廣福」本是防番拓墾組織，其擁有龐大的隘丁及眾
多的隘糧，力量甚爲強大，對於新竹東南山區的開發厥功甚偉。初
期閩粵的合作開墾，寫下兩籍融合的光輝事例，後來雖由粵籍掌握
大權，但閩籍或曾出資或爲墾戶首，都在「金廣福」的歷史上，寫
下不可磨滅的一頁。〔註76〕

（二）文化交流

　　無論客家文化還是閩南文化都是中華民族傳統文化交響樂中的動人樂
章，是世界文化百花園中的一朵奇葩。閩南人與客家人移居臺灣後，雖然雙
方壁壘森嚴，較少往來，且經常發生分類械鬥，但這並不能徹底阻礙他們之
間的文化交流。筆者不妨以民間習俗和民間信仰爲例，扼要闡述一下閩客族
群間的文化交流情況。

　　其一，在民間習俗方面，閩南人與客家人存在互相吸收對方習俗的現象。
例如，客家人的婚禮習俗中就糅合了不少閩南人的習俗。比方說，男方迎娶

〔註76〕林再復：《臺灣移民開發過程中的族群衝突、對立與融合》，《臺灣源流》（19）。

次日也叫新婚夫婦的「歸寧日」，女方要備辦酒席，以向親友介紹新婚夫婿。女方出嫁時，岳母潑水在轎上，意指嫁出去的女兒，要白頭偕老。新娘則揮扇作別，以示不要把娘家的脾氣帶到夫家。「潑水」、「揮扇」等習俗原屬閩南文化，然而，它們已被臺灣客家人吸收，並成為其婚禮中必不可少的習俗了。〔註77〕

其二，在民間信仰方面，閩南人與客家人也存在互相借鑒的情況。眾所周知，「三山國王」是客家人的傳統信仰，不過，在臺灣也出現閩南人信仰「三山國王」的現象。例如，屏東縣林邊鄉林邊村的「三山國王廟」便是閩南人與客家人共同興建。據該廟的「新建明覎廟記」碑文的記載：此處的「三山國王廟」，又叫「忠福宮」，是乾隆二十六年（1761年），當地的客家人與閩南人一起協力合資興建的，目前，它已變成閩南人聚落的信仰中心。〔註78〕再如，臺灣的客家人信仰保生大帝、海神媽祖等閩南人神祇的情況也甚為普遍。

由是觀之，有清一代，雖然閩南人與客家人的族群矛盾較深，彼此經常互相殺戮，但為了拓墾土地，互利共贏，或者滿足經濟文化上互通有無的需求，他們有時也不得不根據形勢的發展而進行適當的合作。

二、閩客融合：福佬客

「福佬客」是福佬化（即閩南化）的客家人，其顯著特徵是：多已失去客語能力，改操閩南話；風俗習慣基本閩南化。「福佬客」主要分佈在臺北縣的部分鄉鎮、嘉義臺南的部分鄉鎮、臺中近山地帶、桃園北部、雲林縣西螺、八卦山脈以西的彰化平原、屏東縣潮州、屏東市及恒春半島等地。「客福佬」是指客家化的福佬人，是「福佬客」的相對名詞，但鮮有人使用，這是因為客家人被福佬化的比例遠遠高於福佬人被客家化的比例。那麼，為何客家人會大量地被閩南人同化呢？對於這個問題學界已多有論述，歸納起來主要有以下幾種觀點。

（一）客家人與閩南人在大陸原鄉生活條件的相似性。客家人與閩南人在原鄉生活空間上相距不遠，客家人對閩南人生活習慣較為熟悉，比較容易

〔註77〕劉燕凌：《臺灣福佬與客家族群融合略論》，《中共福建省委黨校學報》2011年第4期。

〔註78〕簡炯仁：《屏東平原的開發與族群關係》，屏東縣立文化中心，1999年，第111頁。

尋求同化。在客家學研究中，涉及到閩南人與客家人的族群身份時，多半認為「閩爲福佬，粵爲客」，即以其祖先還未從原鄉遷臺的原居地作爲其族群身份的認定，從廣東來的即爲客家人，從福建來的即爲閩南人。廣東與福建相鄰，自然環境相似，客家人對閩南人並不陌生。有學者對此類劃分進行反思，發現清代福建省五府（州）中，僅泉州府、永春州、漳州府北部爲純福佬區，汀州府則爲純粹的客家區，其中還有客家與福佬的混合區；廣東省中純客家區也僅有嘉應州全州與潮州府的大埔、風順，而潮州府其餘廳（縣）和惠州府的海豐、陸豐爲部分客家地區，潮州府的澄海則爲純福佬地區〔註 79〕。由此可見，客家人與閩南人甚至生活在同一縣，雙方對彼此的生活方式可謂相當熟悉。

（二）草萊初闢時期客家人生存的需要。據 1901 年日本臺灣總督府的調查，閩人有 228 萬，粵人只有 39 萬，在人口數量懸殊的情況下，客家人在分類械鬥中往往「不敵漳、泉籍並侵。只有退居山區。」〔註 80〕在全臺很多地區都可以看到客家移民在械鬥失敗後退出原有開墾優勢區的痕跡，像康熙二十三年，阿四坑爲客家人呂阿四所辟，乾隆中，閩客械鬥，爲泉人所有，諸如此類的情況《臺北縣志》中有很多記載。〔註 81〕客家移民失敗後大部分人會選擇退出原墾區，但不排除一小部分人會選擇留下。面對強勢的閩南人，爲了生存，不得不放棄客家身份，被迫按照閩南人的生活方式處之，特別是經過通婚同化後，漸漸被同化於閩南人之列，成爲「福佬客」。

（三）客家社會較之福佬社會，經濟文化狀況一直處於劣勢地位。從大規模漢人移民浪潮來看，客家移民來臺時間較閩南人而言相對較晚，因此在生存環境上居於劣勢地位。當然，客家社會落後於福佬社會的狀況，並不是移墾臺灣後的生存環境才所造成，在大陸原鄉生活時就已存在。客家人因來臺較晚，靠近沿海地區的肥沃、平坦的平原已被閩南人先占。不僅如此，在閩客械鬥中客家人往往是失敗的一方，被迫放棄相對不錯的居住地，遷入交通閉塞、土地貧瘠的丘陵、山腳地帶，所以「客人多近山而貧」，就像中國大

〔註79〕范佐勤：《中壢客家的福佬化現象與客家認同之研究》，國立中央大學碩士學位論文，2008 年。

〔註80〕蕭新煌、黃世明：《臺灣客家族群史（政治篇上冊）》，臺灣省文獻委員會，2002年，第 30 頁。

〔註81〕徐正光、鄭力軒、賴旭貞：《臺灣客家宗族組織與地方發展》，載《臺灣客家族群史（社會篇）》，國史館臺灣文獻館，2002 年，第 30 頁。

陸東南沿海地區遠遠比西北內陸地區發達一樣。經濟基礎薄弱，致使客家人在很多方面失去話語權，以致沒有足夠的能力保護和傳承客家文化。

在閩客混居地區，整體而言，閩南人居於多數，在這些區域的主要城市，如南投地區的南投市、花蓮縱谷的花蓮、臺東兩市，臺北地區的旗山鎮等，閩南人屬於強勢族群，所以工商交易均以閩南話為主。從歷史上積累下來的優勢條件使得閩南人在商品經濟發展過程中把持工商貿易的主導權，客家人為了謀求生存發展，不得不學習閩南話、向閩南習俗靠近，漸漸「福佬化」。〔註82〕

上述觀點雖都不乏有一定的道理，但皆強調客家人福佬化的被動與無奈，而忽視了「福佬客」自身積極主動的因素。通過對比研究資料文獻後，筆者發現，有的客家人是在主動尋求福佬化。從他們自願成為「福佬客」這一事實，可以推斷「福佬客」同時蘊含著一種理性的選擇。鑒於此，筆者將對「福佬客」形成的積極因素嘗試性進行解析。

林美容在田野調查中發現，有些「福佬客」受訪者堅稱自己的祖籍是福建饒平，與廣東無關〔註83〕。以彰化地區為例，今日彰化地區的客家人常以漳州人自居，其福佬化的程度已十分徹底，他們自認是閩南人，不是客家人，客家話在彰化地區已然消失，並已完全被閩南語所取代。〔註84〕輔大應用美術系副教授賴志彰說，他的家族是廣東饒平的客家人，但迄今多不承認自己的客家身份，甚至族親尚有反對嫁娶客家人的觀念。〔註85〕可以說，他們是主動放棄自己的客家身份。

同時，隨著社會的發展與進步，社會結構製度不斷分化重組，客家社會受到現代文明衝擊，原有的客家大家庭製度進一步衰落、崩潰、解構，更多的年輕客家人走出閉塞的客家社區，邁向工商業發達的城市都會區謀生。在繁榮的都市社會，閩南人擁有的政治經濟文化等各方面的優勢，其中尤為重要的是閩南人高質量的生活品質對年輕的客家人來說是一種巨大的吸引力，

〔註82〕蕭新煌、黃世明：《臺灣客家族群史（政治篇下冊）》，臺灣省文獻委員會，2002年，第547頁。

〔註83〕徐正光、鄭力軒、賴旭貞：《臺灣客家宗族組織與地方發展》，載《臺灣客家族群史（社會篇）》，臺北：國史館臺灣文獻館，2002年，第23頁。

〔註84〕蕭新煌、黃世明：《臺灣客家族群史（政治篇下冊）》，臺灣省文獻委員會，2002年，第546頁。

〔註85〕黎淑慧：《客家人與福佬族群的互動——從福佬客談起》，《白沙人文社會學報》2002年第2期。

他們不斷地湧入都會區，希翼進一步尋求福佬化。客家人因為客家族群在臺灣社會中長期處於劣勢地位，一些人在內心深處牴觸客家身份，不願意承認自己是客家人。當看到閩南人因為政治經濟優勢能夠取得更多的社會資源時，他們很樂意接受閩南文化成為閩南人，期望獲得更好、更多的發展機會。當客家人積極主動學習閩南文化，並很樂意成為閩南人時，他們會存在族群認同感危機便是毋庸置疑的了。福佬化的結果又會導致族群認同感進一步降低，由此形成循環累加效應。

「祖宗聲，祖宗言」的客家母語是客家族群認同的主要標誌，但是很多年輕的客家人已經不會說客家話，幾乎完全喪失了客語能力。〔註 86〕客家語言的嚴重流失，更讓客家人無法找到維繫客家族群認同的紐帶，有些客家人甚至不知道自己就是客家人，更不用提在面對強勢的閩南文化時堅守客家身份，不被閩南人同化了。到城市都會區謀生的第一代客家人尚能說客家母語，還有一定程度的客家氣息，但他們的子女，也就是第二代客家人，其教育、娛樂不是用國語就是閩南語，從小就沒有機會受到客家文化的薰陶，因而很容易喪失客家身份的特徵。〔註 87〕

客家身份的喪失表現在外觀與內在認同上。「福佬客」外觀上的特徵是最直接、最現實的表現。在民間信仰方面融合了閩南人的信仰因素。大陸原鄉客家傳統祭祀土地公只需在大樹底下豎一塊大石頭，貼著寫上「福德正神」的紅紙就可以拜一拜，而臺灣客家卻像閩南人那樣建小廟雕土地公神像，給土地公公帶上烏紗帽，讓土地公為自己祖先守墳。在風俗習慣方面，祖先神主排位擺放和婚俗隨著與閩南人的接觸發生了改變。客家原鄉「親祖先，遠鬼神」，排位擺放遵循祖先優先原則，受閩南人注重神明崇拜習俗影響後，神明排位佔據主位，祖先退居次位。婚俗方面也糅合了新婚第二天，夫婦必定歸寧，女方置辦酒席，親友贈送紅包等閩南文化色彩。〔註 88〕

「福佬客」的內在認同是最穩定、最具決定性的表現。血統混合，即通婚，是彰顯族群關係最重要的變數。莊雪安在其碩士論文中指出，受訪者僅

〔註 86〕 范振乾：《臺灣客家社會運動初探——從客家發聲運動面相說起》，載《臺灣客家族群史（社會篇）》，國史館臺灣文獻館，2003 年，第 187 頁。

〔註 87〕 范振乾：《臺灣客家社會運動初探——從客家發聲運動面相說起》，載《臺灣客家族群史（社會篇）》，國史館臺灣文獻館，2003 年，第 192 頁。

〔註 88〕 劉燕淩：《臺灣福佬與客家族群融合略論》，《中共福建省委黨校學報》2004 年第 4 期。

有一對閩客通婚夫婦對客家文化有積極認同，餘者皆傾向不刻意積極投入客家認同，也認爲不需要刻意建構客家子女的客家認同。〔註89〕可見，閩客通婚後，客家族群認同在不斷削弱。客語是客家族群認同的主要標誌。臺灣行政院客委會的調查指出，客家民眾在與父母交談時，很少講或幾乎不講客家話的佔有45%。〔註90〕「語言的死亡就代表文化的滅絕」，客家話語流失，「福佬客」多操閩南語或國語，使得族群認同轉向閩南人。如彰化地區的「福佬客」在福佬化後有意無意地在接受調查時將自己的祖籍改爲福建。

一言以蔽之，「福佬客」的族群認同是閩南人而非客家人。「客家文化面貌模糊不清，客裔的自信心越來越低，全臺各地的客裔，越來越多的人脫離客家」〔註91〕是這一狀況最好的佐證。

〔註89〕莊雪安：《閩客通婚家庭成員對客家族群認同之研究》，佛光大學碩士學位論文，2011年。

〔註90〕李榮豐：《現代化衝擊下高屏地區客家族群的文化變遷與認同發展》，國立臺南大學博士學位論文，2011年。

〔註91〕范振乾：《從臺灣發展史看客裔之未來——從客家運動20年說起》，載《多元族群與客家：臺灣客家運動20年》，臺灣客家研究學會，2008年，第35頁。

下編　當代臺灣的族群政治

第七章 「政治玩偶」：臺灣的省籍族群問題

第一節　省籍問題的「源」與「變」

　　省籍問題是指臺灣本省人與外省人的隔閡、歧視與衝突問題。本省人是指 1945 年光復以前就已住在臺灣的居民及其後代；外省人則是指 1945 年以後從大陸遷臺的居民及其後代。客觀而言，本省人與外省人雖存在語言文化與風俗習慣差異，但經過多年的磨合，目前雙方在社會生活方面基本上沒有相處問題，省籍矛盾並不明顯。弔詭的是，臺灣每逢公職選舉或其他政治敏感時期，省籍問題總會猶如幽靈般浮現，困擾著臺灣民眾，撕裂臺灣社會。筆者認爲，拋開現象看本質，省籍問題的「源」與「變」，「隱」與「顯」，其實都與臺灣政客的操弄有莫大關聯。

一、「二二八事件」與省籍問題的源起

　　1945 年 8 月 15 日，日本戰敗，宣佈無條件投降。依據《開羅宣言》與《波斯坦公告》，日本必須歸還其從中國侵佔的東北地區、臺灣及其附屬島嶼。消息傳來，臺灣同胞興高采烈，奔走相告，家家戶戶張燈結綵，街上鑼鼓喧天，鞭炮震耳，男女老少縱情歡慶。1945 年 10 月 17 日，國民政府的接收官員與軍隊在基隆港登陸，臺灣民眾夾道歡迎。10 月 25 日，臺灣省行政長官公署正式運作，陳儀擔任首任行政長官。然而，滿懷期待的臺灣同胞很快發現：他

們朝思暮想的祖國並非想像中的那樣政治廉明、繁榮富強。國民政府接收官員與軍隊的蠻橫、腐敗與無能比日本殖民者有過之而無不及。他們帶給臺灣民眾的並不是富足、和諧、美滿的生活，而是經濟上更貧困，政治上更邊緣，社會治安更混亂。

第二次世界大戰期間臺灣經濟在日本的壓榨下遭受重創，戰後臺灣農業產值只有 1937 年的 49%，工業產值則不到 33%。國民政府接收臺灣後，為了資助國共內戰，濫發鈔票，並將臺灣人民賴以為生的米、布、鹽、糖等物資大量運往大陸，結果造成臺灣糧食短缺、物價飛漲，路有餓殍，盜賊橫行，社會治安大壞。1946 年臺灣的生產總值竟不及 1944 年的一半，生產基本陷入停頓，人民的生活較日本殖民時期更加困苦。

臺灣行政長官公署雖然治臺無方，但在接收和處理日本資本上卻顯得異常貪婪和獨斷。它不僅盡數沒收了日本人留下的所有公私企業，而且延續日本殖民政策中的專賣制度，設立貿易局與專賣局，壟斷煙、酒、糖、樟腦等的買賣。與此同時，實施全面的經濟統制措施，壟斷臺灣與大陸的貿易管道，利用各種關係排擠民營公司，儘其所能地與民爭利。接收官員也趁機營私舞弊、中飽私囊、橫征暴斂。國民黨駐臺軍隊不僅裝備落後，衣衫襤褸，而且軍紀敗壞、橫行霸道。他們吃飯不付錢，低價強買，仗勢賒借，甚至偷竊、搶劫、欺詐，強姦。國民政府對臺灣可謂不是「接收」而是「劫收」。

日本人撤出後，臺灣民眾原本以為自己定會擺脫「亞細亞孤兒」的尷尬境地，可以當家作主，揚眉吐氣了。然而，經歷過八年抗戰洗禮的接收官員根本無法體會臺灣民眾在日本殖民統治時代遭受的痛苦和想擺脫異族統治的迫切願望，而是懷著一種抗戰勝利者的優越感，依然以日本人的奴才與幫兇視之。臺灣民眾大失所望，對此甚為不滿。例如，臺灣詩人王白淵在《告外省人諸公》中說：「許多外省人，開口就說臺胞受過日人奴化五十年之久，思想歪曲」，殊不知「臺胞雖受五十年之奴化政策，但是臺胞並不奴化，可以說一百人中間九十九人絕對沒有奴化。只以為不能操漂亮的國語，不能寫十分流利的國文，就是奴化。那麼，其見解未免太過於淺薄，過於欺人。」〔註1〕再如，《民報》中一篇名為《可怕的心理破壞》社論說：「自祖國來臨的大先生們，時常說我們奴化，當初我們很憤慨，不知道指什麼為奴化，現在我們已經瞭解了，奉公守法，即是奴化，置禮義廉恥於度外，才能夠在這個祖國

〔註 1〕《告外省人諸公》，載《政經報》半月刊，第一卷第二期，1946 年 1 月 25 日。

化的社會裏生存。」〔註2〕接收官員寧願留用即將被遣返的日本技術官僚，或者舉用臺灣旅居大陸的所謂「半山」，也不信任原來協助日本人工作的當地人。〔註3〕

　　國民政府的腐敗、專橫與猜忌使臺灣民眾對祖國的滿腔期望很快轉變為極度失望，而接收官員對臺灣民眾的經濟掠奪與政治歧視，則令他們憤怒不已，以致有人在行政長官公署的大門上掛了一幅「狗去肥豬來」的漫畫。臺灣民眾鄙視與敵視國民政府的情緒與日俱增，反專制、反獨裁的抗爭運動一觸即發，正所謂「山雨欲來風滿樓」。

　　1947年2月27日晚，「臺灣省專賣局臺北分局」的緝私隊員傅學通、葉得根、盛鐵夫、鍾延洲、趙子健、劉超群等六人與四名警察在臺北市天馬茶房前發現一位名叫林江邁的寡婦正在販賣私煙。於是沒收了她的香煙及身上的錢財。林江邁跪地苦苦哀求緝私隊員至少歸還其錢財，以及其餘經過合法繳稅的公煙，但無濟於事。在拉扯過程中，一名緝私隊員用槍托將林江邁打得頭破血流。圍觀群眾目睹此景後，憤而將緝私隊員包圍，衝突中趙子健被打傷。於是，傅學通開槍示警，結果卻誤將圍觀的市民陳文溪打死。隨後緝私隊員逃到永樂町派出所，再被護送轉移至中山堂旁的警察總局。激憤的群眾六七百人當晚包圍了臺北市警察總局，要求嚴懲兇手，但警察局長包庇下屬，他們的要求沒有得到滿意的答覆。2月28日上午，積怨已深的臺北市民展開罷工、罷市，大小商店紛起響應，相繼關門。憤怒的群眾前往肇事者任職的專賣局抗議，他們將專賣局內堆存的香煙、酒水等搬出並予以焚毀。2月28日下午，數千名群眾集結於臺灣行政長官公署門前，向行政長官陳儀請願，竟遭衛兵開槍掃射，當場打死數人。行政長官公署衛兵開槍事件後，事態迅速擴大，群眾包圍了行政長官公署、警察局、日產處理委員會、電臺等機關，放火燒毀臺北專賣局，甚至開始搶劫軍用倉庫，釋放獄中囚犯，毆打街上無辜的外省人。他們還用電臺向全省廣播，控訴軍警的暴行，號召人民起來反抗。陳儀眼見形勢嚴峻，隨即宣佈實行戒嚴，派出大批軍警在臺北市大街小巷巡邏。

　　3月1日，騷亂開始從臺北市向外蔓延，各地群眾聞風而動，群起響應，

〔註2〕《可怕的心理破壞》，載《民報》，1947年2月19日。
〔註3〕張茂桂：《臺灣的政治轉型與政治的族群化過程》，載施正鋒編：《族群政治與政策》，前衛出版社，1997年，第46頁。

圍攻所在地的政府機關，整個臺灣陷入一片混亂。3 月 2 日，臺北市民成立「二二八事件處理委員會」，並隨後在各地成立分會，代表民眾就事件處理和臺灣的政治改革與行政長官公署交涉。陳儀也派人參加了這個委員會。3 月 8 日，委員會起草了一份「三十二條要求」，內容包括實行地方自治、保障人民基本權益、廢除專賣制度、減免苛捐雜稅等條款，比較全面地反映了當時臺灣各界人士有關民主與地方自治的要求。但是，由於處理委員會人員複雜，甚至有些地痞流氓混跡其中，內部意見分歧較大，致使政治要求不斷提高，乃至要求接管行政長官公署。陳儀怒而召回其派往處理委員會的代表，並加緊部署鎮壓行動。3 月 9 日，國軍整編第 21 師奉命抵達臺灣，展開鎮壓。部隊沿途整肅，全島陷入血雨腥風之中，各地反抗勢力迅速土崩瓦解。經過七天的掃蕩與綏靖，軍事行動暫告一段落。3 月 26 日，陳儀發佈「為實施清鄉告全省民眾書」，開始長達九個月之久的清鄉掃蕩。軍警挨戶登門清查戶口，逮捕潛逃嫌犯，收繳武器。可是，由於國民黨軍紀敗壞，在清鄉過程中頻繁出現軍警敲詐勒索、刑訊逼供與濫捕濫殺情況，結果使得臺灣人人自危，整個社會充滿恐怖肅殺氛圍。

「二二八事件」導致大批臺灣精英傷亡，同時也給臺灣民眾造成無法彌合的心靈創傷。時至今日，它依然是臺灣本省人心中難以抹去的一塊陰影。不過，多數臺灣民眾似乎已經不知道「二二八事件」本質上是群眾性抗官事件，只知道它是引發本省人與外省人之間矛盾與仇恨的歷史根源，是省籍問題的源起。筆者認為，普通臺灣民眾之所以產生如此認知，大概有以下幾方面的原因。

其一，由於學者與政客的忽略與掩蓋，人們對光復初期臺灣民眾熾熱的民族情感不甚瞭解。臺灣民眾經過日本 50 餘年的殖民統治，雖然在語言文化、社會生活、乃至思想觀念上受到日本人的浸染，但絕大多數臺灣民眾依然心繫祖國，帶著激動與期待的心情憧憬著回歸後的美好未來。光復初期，臺灣民眾熱烈歡迎大陸人士的到來，與他們情感甚佳，根本不存在隔閡與敵視問題。羅宗洛在接管臺灣大學過程中對此有深刻體會。1945 年 10 月 17 日，羅氏乘軍艦在基隆登岸，他在日記中寫道「基隆同胞出迎者甚眾，吾人被導至郵政局大廈中休息。當地人士以茶點招待，女學生殷勤進茶，各面有喜色。男女學生皆能操流暢之日語，態度大方而有禮貌。余等久不食香蕉，爭先取啖，轉瞬乃罄。三時半，整隊赴車站，招待者以香蕉、文旦見贈，情意殷勤。

余等入一等車廂，女生又進茶果。……六時許抵臺北。沿途各站皆有臺胞佇立歡迎，車過時歡呼揮手，狀極愉快。……臺北驛前燈火輝煌，同胞以萬計夾道歡呼，情形之熱烈，爲余平生所僅見，足見臺胞民族意識之盛旺。」〔註4〕接收臺大期間，因事務繁多，時間緊迫，羅宗洛動員了70餘名臺籍教職員工協助接收。這些人飽受日本人的壓迫，民族意識非常強烈，接收時認眞負責，一絲不苟。例如，曾負責臺大醫學院第一附屬醫院接收工作的翁廷俊回憶說：「當時各科主任和職員都非常認眞負責執行工作，日人要盜出去的東西也紛紛被追查回來。比方說，第一附屬醫院只有一位牙醫師林宗生、牙技工二人。由技工處得知齒科很多儀器去向不明，乃找日人醫局長技松牙醫師來問，起初他還不肯承認，後來知道抵賴不過，才答應交還清冊，結果接收了十餘竹籠儀器和近十兩黃金還給院方。又，第二附屬醫院的同仁從天花板查出一大批麻醉藥品歸還院方。大家都爲了能脫離被統治的身份而喜悅，那種上下一心的感受，充滿每個人的心田。」〔註5〕從臺灣大學的接收工作來看，當時本省人與外省人同心同德，共謀臺大完整接收的情形躍然紙上。民族情感之深厚，可以概見。然而，長期以來絕大多數臺灣史研究者在論及「二二八事件」爆發的背景時，往往只注重強調國民政府的腐敗、專橫，本省人與外省人語言文化與社會經歷的差異，而忽視了臺灣民眾的民族情感，再加上有些政客爲了見不得人的政治意圖，刻意誇大省籍矛盾，結果造成普通臺灣民眾根本不瞭解當時眞實的社會狀況，誤以爲外省人與本省人自臺灣光復之初就存在難以逾越的鴻溝。

其二，國民政府爲了推卸責任，掩蓋事實眞相而將「官民衝突」渲染成「族群衝突」，誤導了人們的認知。「二二八事件」發生後，國民政府從中央到地方都極力報導本省人的暴行與外省人的受害情形。例如，國民黨軍方在上海出版的《臺灣事變眞相與內幕》中血淋淋地描述了本省人在事件中的狂暴：「他們打的對象只是『阿山』、『中國人』，不分男女老幼，不分職業籍貫，碰到了，不容分說就打。……在街上被打的外省同胞，眞是慘絕人寰！……有棍的就當頭打下，沒有棍的把木屐脫下對面打，直打得頭破血流，滿身污血時還不罷休，高興時就一直給打死了。……這不過是幾百人當中的一個，

〔註4〕羅宗洛：《接收臺灣大學日記》，載羅氏《回憶錄》附錄，十月十七日則。

〔註5〕李東華：《光復初期（1945～50）的民族情感與省籍衝突——從臺灣大學的接收改制做觀察》，《臺大文史哲學報》第65期，2006年，第183～221頁。

還有一對青年夫婦和幼子一起被活活打死的，還有孩兒被扠頸撕腿死的。」〔註6〕再如，國民政府國防部掃蕩周報社編印的《臺灣二二八事變始末記》中盡是描述殘酷血腥的虐殺手法：「全市各街巷到處皆有暴徒集團尋找來自國內之外省人施以毆打，名之曰『打阿山』，是以『阿山』若被彼輩所瞥見，皆不能逃過打的劫數，重則斃命，輕亦在殘廢之列，雖婦孺孕婦亦無一幸免。據記者所知，一數歲之兒童隨其母出街，途遇暴徒，用刀將其母之嘴割裂至耳，……其子被用力扭轉面部倒置背後，實時氣絕斃命，又一小孩被其雙足扠起倒弔，將頭部猛向地上碰擊，……又一將兩小孩之頭互為相碰，至腦血橫流，而引為快事，又一孕婦亦被暴徒用日本之武士刀對腹部插入，實時兩命嗚呼，此種狠毒手段，不勝枚舉，慘絕人寰。」〔註7〕然而，客觀事實是「二二八事件」期間雖存在本省人毆打和殘殺外省人的情況，但同時也不乏外省人與本省人互相保護的事例。陳孔立在《二二八事件中的本省人與外省人》一文中對此作了較為詳細的考證，茲摘取數則，以資說明。

廈門人何志聰說：當時他父親的鄰居有一家魚販夫婦，他們吩咐父親不要外出，有人來時，可從竹籬小門逃到他家的田園裏躲避。「那扇籬門拯救了父親一命」。

「本省人王先生冒著危險，領我們到他家避難。王家的人把僅有的米煮成稀飯給我們吃，而他們則用地瓜粉煎粿吃，這種情形實在令人感動」。

有一個臺灣人，帶著幾個外省人跑到中山堂去躲避，結果被亂民攔下來，幾個外省人自然不能幸免，帶路的臺灣人也一併被打死。

一個外省人被本省人追逐，一位姓王的臺灣人出來救助，令其躲進他太太的房裏。追逐者要搜他的家，王不肯，被打得遍體鱗傷，但依然橫臥在門口，不讓人進去。等到王已奄奄一息時，追逐者湧入搜尋，終未發現。這個外省人幸免一死，但姓王的本省人卻已氣絕身亡。

當國軍進行鎮壓時，也有不少外省人保護本省人。例如，《彰化縣二二八事件檔案彙編》中記載有七名外省人聯名陳情警方，要求將「保護我等外省同胞之性命」的本省人釋回。「在溪湖，六名福建、一名廣東人聯名向員林區警察所長陳情，說楊金等這些人熱心公益，事件爆發之後『勇敢力為、日夜

〔註6〕勁雨編：《臺灣事變真相與內幕》，建設書局，1947年，第3～5頁。
〔註7〕國防部掃蕩周報社編：《臺灣二二八事變始末記》，轉引自林木順：《臺灣二月革命》，前衛出版社，1990年，第177～178頁。

奔走，保護我等外省同胞之性命」。然而，軍方卻來捕人。六人說，他們願意連名具保……擔保臺灣籍商人楊金，愛祖國護民，絕無聚眾毆人等行為。」

一個外省人說：「三月五日前後，國府軍隊來了，抓了一群人要我們指認。我覺得與這些人無冤無仇，雖認得其中數人，但是我跟軍隊說：『他們是無辜的，並未參與』」。

逃難到臺中師範，受到保護的外省人，多替臺中師範師生說好話，沒有一人被檢舉。受到本省學生曾重郎保護的新竹中學校長辛志平，在國軍到來時也保護了曾重郎，並且幫助他逃過殺身之禍。〔註8〕

國民政府對本省人與外省人的互助行為視而不見，指控「二二八事件」是族群衝突，其目的無非在於為自己因貪婪與專橫而引發民變的罪行推卸責任，同時為軍事鎮壓提供合理藉口。然而，國民政府掩蓋事實的做法誤導了人們的認知，為後來「省籍矛盾論」的延續與擴散埋下了隱患。

其三，普通臺灣民眾沒有仔細分辨施暴者的身份與動機便以偏概全地認為「二二八事件」是整體性的族群衝突。不容否認，「二二八事件」中確實存在不少本省人毆打和殘殺外省人的情況，但不能據此就草率地認為這是省籍衝突，而應先分析衝突的程度，以及施暴者的身份與動機，然後才可定性。據張光直回憶，本省人對外省人的報復並不致命，「打得不太厲害，只要『修理修理』，便說好了，一面把人推到醫院裏面。醫院裏的臺灣醫生，也沒有拒絕為被打傷的外省人治療。」臺灣民主聯盟在《「二二八事件」告臺胞書》中表示：「我們可不要再亂打外省中下級政府人員和商民，他們和我們同樣受政治腐敗的痛苦，他們和我們一樣同一國民，同一漢族同胞，現在我們要分別，為我們臺灣建設的好人，我們要保護他；殘害我們的惡蟲，要驅除他。」〔註9〕陳孔立認為，在「二二八事件」中毆打和殺害外省人的主要是流氓、臺籍日本兵、浪人、失業工人、飢餓百姓、青年學生和日本人。〔註10〕這些人參與施暴的原因與目的可能各不相同。臺籍日本兵、浪人和日本人對日本殖民統治有懷念之情，對臺灣回歸中國心存不滿，想借機進行報復。流氓可能想乘社會動盪之機，渾水摸魚，搶劫財物。失業工人和飢餓百姓不滿國民政府

〔註8〕陳孔立：《二二八事件中的本省人與外省人》，《臺灣研究集刊》2006年第3期。

〔註9〕王曉漁：《「二二八事件」中的官民衝突與族群矛盾》，《同舟共濟》2009年第12期。

〔註10〕陳孔立：《二二八事件中的本省人與外省人》，《臺灣研究集刊》2006年第3期。

的經濟掠奪，但又無法與政府對抗，於是便將仇恨對象從強勢的官員轉移到相對弱勢的外省平民。青年學生顯然是因年少無知而被別有用心之人利用。如果不將這些人與普通臺灣民眾區分開來而籠統地認為「二二八事件」是全體本省人對抗外省人則不免有失偏頗。

其四，國民政府綁架全體外省人來承擔責任。「二二八事件」被全面鎮壓後，國民政府一面聲稱愛護臺灣同胞，不再追究責任；一面嚴格禁止民間談論此事，認為討論「二二八事件」就是煽動仇恨心理，製造族群對立。在追究「二二八事件」等於挑起族群衝突的論調下，國民政府的責任隱而不顯，外省人反倒被推上第一線，為國民黨背負起歷史包袱。如此一來，原本應由國民政府負責的「二二八事件」，竟然轉嫁成全體外省人的罪愆。〔註11〕

總而言之，「二二八事件」之所以演變成「省籍問題」的源起，普通臺灣民眾不瞭解歷史事實，盲從迷信固然是個不容忽視的因素，但最為根本的原因恐怕是國民政府為轉移視線，推卸責任所做的種種政治操弄。

二、省籍問題的催化與變異

如果說在國民政府的渲染與操弄下，省籍問題自「二二八事件」起開始引起世人關注，那麼，國民政府的遷臺則進一步將其催化。

其一，國民政府遷臺後，外省人數量激增，拓展了省籍問題的廣度。「二二八事件」中省籍矛盾即使存在，也只是局限在非常有限的範圍內，因為當時在臺的外省人數量甚少。然而，1949 年國民黨在國共內戰中失敗，退守臺灣的同時從大陸帶來 200 多萬人口，而當時臺灣人口大約只有 600 萬，所以，臺灣的人口結構驟然發生重大變化，外省人在臺灣總人口中的比例大幅攀升。這些外省人與本省人雜居在一起，雙方在日常生活中難免會因語言文化、風俗習慣的不同而產生糾葛，省籍矛盾勢必隨之有所增加。

其二，國民政府遷臺後所確立的不均等的政治經濟結構加深了外省人與本省人的隔閡。蔣介石敗退臺灣後仍不死心，認為臺灣只是暫居之地，最終還是要打回大陸，所以堅持維持「中華民國」完整的政府架構。這就意味著國民政府各中央機關的領導人與民意代表可繼續留任，甚至要待到「反共復國」成功才進行改選。這樣的權力安排結果造成國民政府的中央部門長期為

〔註11〕陳翠蓮：《歷史正義的困惑——族群議題與二二八論述》，《國史館學術集刊》第 16 期。

外省人所把持，臺灣地方精英只能在臺灣省級及其以下的「地方」政府及民意代表機構中任職。與此同時，國民政府爲了照顧隨其遷臺的大陸籍人士與退伍軍人，將他們安排到政府所掌控的「軍公教」部門就業。但是，在國家機器無法直接干預的私人經濟領域，本省人卻因在地日久、語言相通等優勢而獲得較大發展，外省人則因不諳「臺語」被排斥在外。這樣就形成了「軍公教」基本上是清一色的外省人，而「農工商」多是本省人。臺灣民眾對於這樣的權力編排與職業結構甚爲不滿，因爲他們覺得政府的要害部門與社會上的體面工作都被外省人霸佔了，自己被剝奪了應有的政治權益，只能被迫從事相對下賤的職業，心中倍感壓抑，對外省人的反感有增無減。所以說，國民政府遷臺後構建的二元政治經濟結構極大地催化了省籍矛盾。

儘管在國民政府「移入者」優先的政治安排下，本省人與外省人的隔閡較先前更爲嚴重，但因蔣介石實行威權政治，嚴禁人們在公共場合談論省籍問題，故而在 1970 年代以前臺灣的省籍矛盾並不明顯，也沒有造成社會的分裂與對立。可是 1970 年代後，隨著臺灣「民主化」與「本土化」浪潮的興起，省籍問題逐漸由「隱」變「顯」，並在政客的操弄下發生異化。具體表現在如下兩個方面：

（一）省籍問題淪爲政治派系鬥爭的工具

1970 年代，國民黨當局在外交上遭遇嚴重挫折，國際生存空間大幅萎縮，政權的合法性受到質疑，島內以本省人爲主的「反對運動」風起雲湧。據統計，在 1980 年至 1986 年間，臺灣共發生過 18 種類型的社會運動和 3000 餘次的抗議或請願活動。這些「反對運動」不僅對國民黨政權的合法性構成了挑戰，而且使「民主化」成爲臺灣社會普遍的政治訴求。〔註12〕在此境況下，蔣經國爲了加強對內的統治，將不同省籍來源的人民團結在愛國主義的旗幟下，減輕外交挫敗所引發的統治危機，推動了世人皆知，而他自身卻不承認存在的所謂「本土化政策」，強化國民黨在臺灣統治的合法性基礎。蔣經國大量吸納本省人加入國民黨，提拔本省籍青年才俊進入中央，推動行政革新與親民政策，有限度開放中央民意代表的選舉，加強國民黨在臺灣人中的群眾基礎。〔註13〕蔣經國的本土化政策使本省人在政權結構中得到較大發展，外

〔註12〕郝時遠：《臺灣的「族群」與「族群政治」析論》，《中國社會科學》2004 年第 2 期。

〔註13〕張茂桂：《臺灣的政治轉型與政治的族群化過程》，載施正鋒編：《族群政治與政策》，前衛出版社，1997 年，第 50 頁。

省人長期壟斷臺灣政治核心的局面開始鬆動。蔣經國逝世後，由於本省人與外省人在臺灣政壇中勢力相當，加之缺乏能夠統攝全局的政治強人，省籍問題在政權結構中驟然顯現。本省籍與外省籍政治派系為了兼顧各方利益，互相在既鬥爭又妥協的基礎上形成了「省籍平衡」的權力分配原則，即本省人與外省人在政權結構中均衡分配權力。譬如，「總統」由本省人擔任，「副總統」則須由外省人擔任；「行政院長」由外省人擔任，「副院長」則由本省人擔任，「五院院長」本省籍、外省籍各占一半。〔註 14〕然而，「省籍平衡」原則非但沒有實現均衡分配政治權力的作用，反而使省籍問題淪為政治派系鬥爭的工具。因為無論本省籍還是外省籍政治人物都不自覺地視同省籍人士為己方，強調要團結一致對外，想方設法利用省籍身份攻擊異己。例如，蔣經國去世後國民黨內部出現了「主流派」與「非主流派」之爭。1988 年，國民黨進行表決「正副總統」人選方式時，兩派各不相讓，爭執不下。

李登輝就任國民黨主席和中華民國總統初期，並沒有自己的班底。他為了鞏固權力，借助其本省人的身份，開始鼓吹所謂本省人與外省人的區隔，以本土勢力為奧援，打擊反對力量。他一方面與民進黨互通款曲，以「在野」壓「在朝」；另一方面將省籍情結不斷髮揮，不斷建構，用以鞏固自己的權力地位。李登輝通過這兩個方面的運作逐步瓦解與分化了「非主流派」。1993 年，他以一句「外省人行政院長欺負本省人總統」的政治耳語，又將「行政院長」郝柏村趕下臺。隨後，李登輝操作並通過了「總統」直選方案，將自己權力的基本支持來源建立在所謂「民意」基礎之上。在族群動員的作用下，外省人迅速被排擠出了權力核心。由是觀之，後蔣經國時代，省籍因素已然成為國民黨內部各派系打擊異己的政治工具，而省籍問題也隨之在臺灣社會中突顯。

（二）省籍問題與「國家認同」糾結在一起

蔣經國的政治改良措施不僅提升了本省籍人士在臺灣政權結構中的比例，同時也「無心插柳柳成蔭」地助長了政治反對派，特別是主張臺獨的民進黨得以順利成立。李登輝掌權後，為了穩固其統治地位，更是與民進黨沆瀣一氣，積極推動臺獨。他們為了蠱惑人心，排除異己，肆意詮釋省籍問題，企圖將其變成政治動員的利器。臺獨勢力指控國民黨是「外來政權壓迫本省

〔註 14〕陳國欣：《現階段臺灣政壇的省籍問題》，《臺灣研究集刊》1991 年第 1 期。

人」，批評外省人像「乞丐趕廟公」，並將臺灣的各種問題，從國際地位到人權壓迫，乃至於環境、經濟與文化等問題都歸咎為「省籍壓迫」問題。所以，臺灣人要擺脫目前的困境就必須「獨立建國」，擯棄「中國認同」。在此基礎上，他們又進一步發展出「本土──外來」、「本省──外省」、「愛臺──賣臺」的二元論述，即外省人是統治者和賣臺者，本省人是被壓迫者和愛臺者。如果贊成臺獨就是「愛臺」；反之，如果反對臺獨就是「賣臺」。在這種二元論述中省籍問題與「國家認同」糾結在一起，難分彼此。臺獨勢力之所以將「本省人」、「愛臺灣」、「外省人」、「賣臺灣」、「臺灣認同」、「中國認同」等概念進行內涵置換，將省籍區隔轉變成「國家認同」的對立，其目的無非在於借助省籍問題為臺獨訴求尋求法理依據，同時排斥和打壓反對臺獨、主張兩岸統一的人。可以說，省籍問題在政客的操弄下已成為「政治垃圾」，完全淪落為替某一政治立場提供合理化的藉口。

綜上所述，臺灣的省籍問題猶如政客手中的玩偶。作為「官民衝突」的「二二八事件」，在國民政府的操弄下被詮釋成「族群衝突」和省籍問題的根源。國民政府遷臺後構建的二元政治經濟結構雖極大地催化了省籍矛盾，但在威權統治下並不彰顯。然而，1970年代後隨著臺灣「民主化」與「本土化」浪潮的興起，省籍問題逐漸由「隱」變「顯」，並異化成政治派系鬥爭的工具。

第二節　臺灣四大族群的政治建構

臺灣是一個移民社會。考古資料顯示，早在遠古時期亞洲大陸東南部的古人類就移居臺灣，在左鎮、長濱、大坌坑、圓山、鳳鼻頭等地留下多處文化遺存。7000多年前，華南大陸或南洋群島的土著民族又開始分批逐次移居臺灣。他們依地理形勢、血緣組織與祭祀習俗等形成諸多族社，長期過著近乎封閉式的原始部落生活。明清時期渡臺的漢人稱這些土著民族為「番」，並根據他們的差異在「番」字前加上個限定詞，以示區別，如「生番」、「熟番」、「凶番」、「良番」等。國民政府遷臺後稱他們為「山胞」，又根據其居住地的不同分為「山地山胞」與「平地山胞」。1994年，在原住民精英的強烈抗議和要求下，臺灣當局同意將其易名為「原住民」。大陸則一直統稱他們為「高山族」。

清朝平復臺灣後，閩粵沿海地區的居民在人稠地狹的困境下紛紛湧入臺灣拓墾土地，並逐漸取代土著民族成為臺灣人口的主體。這些移民雖同屬漢

族，但多以祖籍或方言為認同基礎，按照地緣與氣類聚族而居，並且經常因墾務、水利，乃至雞毛蒜皮小事而發生「分類械鬥」。清代文獻中通常稱他們為「閩、粵」或「閩、客」。國民黨在國共戰爭中失敗後，大批軍公教人員遷居臺灣。這些人絕大多數都是漢族，並且來自大陸的不同省份。他們習慣上被統稱為「外省人」，而光復前就已居住在臺灣的人則稱為「本省人」。

臺灣的居民雖然彼此間存在不同程度的差異性，但按照種族理論與語族理論，他們只能劃分為漢族與原住民。因為原住民雖然內部族社眾多，但同屬馬來——波里尼西亞語系，與隸屬漢藏語系的漢族不僅在語言文化、風俗習慣，而且在體質特徵上都存在較大差異。然而，當代臺灣社會卻流行著「四大族群」之說，即把臺灣的居民劃分為閩南人、客家人、外省人與原住民四個族群。為何會出現這種完全違背民族學意義的「族群」劃分呢？這其實是臺灣政治人物建構與想像的結果。

「族群」這個概念譯自英文「ethnic group」。它有兩種含義：一種是指建立在共同文化與歷史記憶基礎上的群體，這種族群認同是與生俱來的；另一種把族群看成是一種社會組織，族群成員主要是由「自我認同」來歸屬於某一群體。臺灣學界使用「族群」這一概念的歷史最早可追溯到 1950 年。當時，衛惠林在《曹族三族群的氏族組織》一文中寫道「關於曹族系統現有之三族群」，即阿里山曹族、沙阿魯阿族及卡那布族間之分類問題，至今尚無定論。他對曹族內部的三個族群的氏族組織進行了比較研究，其族群概念的使用具有確指對象，即曹族內部的三個分支。1970 年代後期，在西方族群理論研究浪潮的影響下，臺灣學界開始廣泛應用「族群」這個概念。與此同時，在「反對運動」激進勢力的操弄下，「族群」概念也逐漸成為臺灣政治生活中的權力話語。「臺獨」勢力鼓噪的「臺灣民族」、「臺灣國」和「住民自決」之類的「話語政治」，由於突出了閩南人中「福佬中心主義」的強勢聲音及其構建新「主體性」的政治規則，不僅使「外省人」群體從過去的中心地位轉向邊緣化，而且使致力於洗刷歷史「污名」、爭取平等權利的原住民運動和復興文化及維護傳統的客家人運動也處於「站在這些規則之外發言，就要冒被邊緣化和被排斥的危險」之中。因此這種以閩南人激進勢力為代表的「主體性」的置換，雖然表現為「省籍矛盾」二元結構中支配與被支配角色的轉變過程，但是民主化、多元主義和「認同政治」等理念所激發的差異群體權力話語，卻又在原住民運動的高漲和客家人運動的興起中形成多「主體性」的「自我認同」，

從而使原有的「外省人」和「本省人」二元對立結構出現了群體的結構性分
化，「族群」這一概念正是在這種「自識」與「排他」的分化認同中從學術領
域進入臺灣的政治生活。〔註15〕1993 年，民進黨爲了贏得原住民與客家人的
選票提出了「四大族群」的說法。

一、原住民

　　原住民是在漢人移居臺灣之前就已居住在島上的土著民族的統稱。臺灣
原住民支系龐雜，內部在語言、宗教、習俗、服飾，乃至於體質上都存在不
同程度的差異。明清時期渡臺的漢人稱他們爲「番」，並依據是否輸餉納貢分
爲「熟番」與「生番」。在清朝統治臺灣 200 餘年的時間裏，生活在西部沿海
平原地帶的「熟番」因與漢人移民接觸日久，基本上漢化殆盡，成爲「消失
的族群」；而散居在中部山脈和東部縱谷的「生番」則因地理環境封閉之故，
與外界鮮有接觸，其傳統語言文化與風俗習慣得以相對完整地保留下來。日
本人竊據臺灣後，爲了掌握臺灣的生態環境和原住民的社會生活情況，以便
統治，派出人類學家與民族學家開展「蕃地調查」。這些學有專長的人類學家
與民族學家利用調查所得的知識，結合民族學理論對原住民進行較爲科學的
分類與命名。國民政府遷臺後統稱原住民爲「山胞」，並依據其居住地的不同
分爲「平地山胞」與「山地山胞」。1980 年代，在世界原住民運動，以及島內
「民主化」與「本土化」浪潮的影響與促動下，臺灣原住民精英協同「黨外
反對勢力」發動和組織了一場以提高和改善原住民經濟地位和政治權利爲抗
爭目標的原住民運動。他們以街頭遊行請願的形式要求當局歸還他們被漢人
侵佔的土地，允許實行區域自治，重新進行身份認定，改換「山胞」之名爲
「原住民」，恢復其固有的語言和文化等。在原住民運動的持續抗爭下，臺灣
當局終於同意用「原住民」這一名稱取代具有「大漢沙文主義」色彩的「山
胞」之名，並在行政院設立「原住民委員會」。截止到 2008 年 12 月，臺灣原
住民約有 494000 多人，占臺灣總人口的 2.1%。迄今爲止，已被臺灣「行政
院原住民族委員會」正式認定的原住民族群有 14 個，分別爲阿美族、排灣族、
泰雅族、布農族、魯凱族、卑南族、鄒族、賽夏族、達悟族、邵族、噶瑪蘭

〔註15〕郝時遠：《臺灣的「族群」與「族群政治」析論》，《中國社會科學》2004 年第
　　　　2 期。

族、太魯閣族、撒奇萊雅族、賽德克族。目前,臺灣原住民的「族群」分化或「民族認定」仍在繼續,方興未艾。

二、客家人

臺灣客家人的祖居地主要是粵東的惠州、嘉應州、潮州和閩西的汀州。康熙收復臺灣初期,由於施琅「嚴禁粵中惠、潮之民渡臺」,所以客家人直至康熙末年才「因其禁漸弛而得渡臺」。可是,泉、漳的閩南人已經將海濱平原地帶佔據殆盡,客家人只得遷往土地貧瘠的內山地區。所以,清朝時期漢人在臺灣分佈格局的大勢是:「海口多泉,內山多漳,再入與生番毗鄰則為粵籍人。」〔註16〕有清一代,客家人與閩南人依祖籍與氣類聚族而居,壁壘森嚴,彼此因爭奪自然資源而時常發生大規模的「分類械鬥」,歷史積怨甚深。臺灣「反對運動」興起後,面對閩南人不顧客家人的感受,動輒以「臺灣人」自居的霸道,客家人憤懣不已;加之客家語言文化流失嚴重,參政議政者甚少,處於政治邊緣化地位,使他們覺得自己在臺灣社會中日益弱勢與隱形。有感於此,1980 年代末客家精英發動了一場以搶救與復興客家語言文化為主要訴求,意欲藉此激發客家族群意識覺醒,爭取客家政治與經濟權益的客家運動。在這場社會運動中,客家精英提出和闡揚了「新的客家人」理念,分赴全島各地開展客家文化巡迴講演,協助大專院校成立客家研究社團,推動客家語言文化研究,組建「新客家助選團」,幫助那些願意關注客家事務的社會公職候選人造勢助選,順利籌設了「寶島客家電臺」與「客家電視臺」,促使臺灣當局在行政院設立了「客家委員會」。在國民黨與民進黨勢均力敵的政治生態中,客家人「關鍵性少數的作用」日益明顯。

三、閩南人

閩南人又稱福佬人、鶴佬人或河洛人,是臺灣人口規模最大的族群,約占臺灣總人口的 70%以上。自清朝初期移居臺灣始,閩南人就因人口眾多,經濟力量雄厚而一直在臺灣社會中處於強勢地位。在臺灣「反對運動」初始階段,閩南人的激進勢力就表現出構建「臺灣民族主義」的政治意圖。這些

〔註16〕林豪:《東瀛紀事》,卷上,「鹿港防剿始末」,臺灣文獻叢刊第 8 種,臺灣銀行經濟研究室,1957 年。

「反對運動」的發動者、組織者通過「族群政治」的權力話語、象徵符號、代表人物等來煽動民眾和強化認同，甚至要求演講者與參與者在集會中必須講「臺語」（閩南話）而不講「國語」（「普通話」）。如果閩南人不能用「臺語」演講，惟有向聽眾道歉，並對國民黨政府推行的「國語化」政策進行控訴方能得到理解。相應地，在這些群眾活動場合中根據「臺灣民族主義」的論述而產生的特定口號、詞彙、意象及事件一再被宣揚、強調與使用。這種集中體現「福佬中心主義」的「認同政治」外溢及其「臺獨」走向，在加劇「省籍矛盾」的同時，也對原住民和客家人形成了新的「中心——邊緣」關係的支配性壓力，從而進一步強化了他們的「族群性」自我認同和「主體性」維護。〔註17〕

四、外省人

外省人約占臺灣總人口的13%左右。他們是1945年以後從大陸遷臺的居民及其後代。第一代外省人多屬跟隨國民黨政權敗退臺灣的「政治移民」，來臺後基本上仍供職於「軍公教」系統，政治地位和社會地位明顯高於本省人。他們對國民黨政權和祖國大陸的情感較深，普遍認同「中華民國」和「中華民族」，反臺獨的態度最為堅決。第二代及第三代外省人因是在臺灣長大，加之國民黨長期「污名化」和「妖魔化」大陸，故而他們對「中國」與「中國人」的認同感總體上要低於其前輩。不過，對於多數外省人而言，由於他們來自大陸的不同省份，族裔背景多樣，原先並沒有單獨的族群認同。後來，在臺灣「族群政治」興起和其他族群對於自身認同強化的情勢下，外省人因受到排拒而產生了群體邊緣化和危機感，迫使他們也捲入了「族群認同」的泥潭之中。〔註18〕

顯而易見，臺灣的「四大族群」並不是學術界所謂的「文化族群」，而是「政治族群」。換言之，「四大族群」是政治建構的結果。在這種建構過程中，外省人本來不能算作一個族群，至少它不是靠自我認定產生的，而是隨著時間的推移和社會環境的變遷，通過政治經濟利益的再分配和政治意識形態的

〔註17〕郝時遠：《臺灣的「族群」與「族群政治」析論》，《中國社會科學》2004年第2期。

〔註18〕王杰：《臺灣政治格局中的族群問題研究》，中央民族大學碩士論文，2010年，第15頁。

操弄在臺灣社會虛構出的一個新族群。閩南人與客家人的族群意識是在臺灣拓墾時期的分類械鬥中逐步形成。日據時期,在日本殖民統治下各個族群聯合鬥爭的過程中,閩客情結似乎消融在「本島人意識」的認同中。臺灣光復以後,閩客情結又轉而消融在「本省人意識」的地域認同中。到了19世紀八十年代後期,隨著臺灣政治體制的轉型及「本土化」的影響,臺灣各個族群紛紛循著歷史的線索,透過文化再現與傳播,追尋並建構起各自的族群意識和族群認同。閩南人憑藉人口結構中的優勢,在「本土化」運動中強化了閩南人意識並成為臺灣的強勢族群。在「反對運動」中,閩南人的激進勢力表現出構建「臺灣民族主義」的政治傾向,而客家人長期處於弱勢和被動地位,其族群文化在「福佬沙文主義」膨脹下開始顯現危機。為了延續族群文化的命脈,客家人意識在客家運動中得以喚醒和強化,客家人作為現代臺灣族群結構的一個成員開始被建構起來。原住民本來也不能算是一個完整的族群,因為他們內部支系龐雜,而且沒有共同的族源歷史記憶,也沒有一種統一稱謂的認同歸屬。只是在臺灣本土化潮流影響下,通過原住民運動逐步喚醒了原住民共同的權利意識、危機意識,在此基礎上逐步整合成共同的族群意識,從而也建構成一個族群類屬。〔註19〕

〔註19〕 湯韻旋:《族群、族群認同與族群建構論的實踐——以兩岸客家和當代臺灣族群建構為例》,《廣西民族研究》2006年第4期。

第八章　訴求與困境：臺灣的原住民運動

　　臺灣原住民運動是指 20 世紀八九十年代臺灣原住民精英在世界原住民運動，以及島內「民主化」和「本土化」浪潮的影響與促動下，協同「黨外反對勢力」發動和組織的以提高和改善原住民經濟地位和政治權利爲抗爭目標的社會政治運動。〔註 1〕本章將對臺灣原住民運動興起的社會背景和運動的發展歷程進行闡述，並在此基礎上剖析導致運動的理念與形式前後有別的深層原因，評議運動取得的成就及其遭遇的困境。

第一節　臺灣原住民運動興起的背景：島外與島內

　　臺灣原住民運動的興起絕非偶然，有其深刻的社會與政治背景。在國際上，二戰後美國退役的印第安士兵爲族人爭取公民權利所發動的社會運

〔註 1〕人類學家謝世忠認爲，原住民運動係指涉一種某一國家或地區內之原先被征服的土著後裔的政治、社會地位與權利的要求，以及對自己文化、族群再認同的運動，它的惟一對象是當地現今的優勢或統治民族。參見謝世忠的《認同的污名：臺灣原住民的族群變遷》，自立晚報社，1987 年，第 61 頁。夷將·拔路兒認爲，原住民運動係某一國家或地理區域內祖先原來是族群生活領域內主人的地位，後來被外來族群征服並統治的原住民族後裔，經由族群集體共同痛苦的經驗、覺醒、意識形態之建立，以組織、行動爭取歷史解釋權、傳統土地權，促進政治、教育、經濟、社會地位之提升，及對文化、族群再認同之運動，運動的最終目標是追求民族自覺。參加夷將·拔路兒的《臺灣原住民族運動發展路線之初步探討》，載《臺灣原住民政策與社會發展（下）》，1994 年，第 23 頁。有的人認爲，臺灣原住民運動肇始於 1949 年 5 月。其時，就讀於臺北師範的原住民青年成立《臺灣蓬萊民族自救鬥爭青年同盟》，該組織曾經發表宣言，以「民族自覺、自治」來號召原住民團結自救，並以發展山地經濟及維護山地文化等作爲己任。參閱高德義的《與黃昏搏鬥：原住民運動初探》，《山地文化》第 21 期，1991 年，第 3 頁。

動自 20 世紀七十年代起開始向世界各地擴散，並逐漸演變成一場聲勢浩大的世界性原住民運動，這給臺灣原住民精英以莫大的啓發和鼓舞，使得他們有意識、勇氣和信心去爲族人爭取政治權利與經濟權益。在臺灣島內，國民黨當局爲擺脫內外交困的窘境，繼續維護其統治地位所推行的改良政策，以及黨外勢力連綿不斷的「反對運動」，爲臺灣原住民運動的興起和發展提供了有利的社會環境。

一、島外：世界原住民運動的高漲

20 世紀 50 年代，美國退役的原住民士兵發起了一場旨在爲印第安人爭取公民權利的社會運動。因爲長期以來美國的印第安人不但沒有公民權，甚至連自由移動和財產管理權也受到嚴格限制，而二戰時爲美國服役的原住民士兵由於有軍隊紀律和軍人救助法的保護卻可以享有與白人平等的社會權利。這些原住民士兵因有過主流社會的體驗，思維方式和生活習慣受到較大影響，退役後他們深感有必要徹底改變族人的不平等待遇，於是串聯起來發動系列抗爭活動，爲印第安人爭取公平的社會權利。

20 世紀 60 年代，隨著黑人解放運動、非洲、亞洲殖民地解放運動的風起雲湧，美國的印第安運動開始波及到加拿大、澳大利亞和新西蘭。70 年代後，運動進一步向世界其他地方蔓延，逐漸演變成世界性的原住民爭取公平權利的社會運動。與此同時，這場運動引起聯合國的關注。1982 年，聯合國成立原住民工作組，以便指導和推動世界原住民運動的發展。〔註2〕

在原住民此起彼伏的抗爭下，許多國家不得不正視原住民權益問題。例如，加拿大和拉丁美洲的許多國家紛紛採取修改憲法或增加憲法條款的方式，承認本國原住民的平等地位，禁止種族歧視，保障原住民的基本權益。世界原住民運動的高漲給臺灣原住民精英以極大鼓舞，他們開始挺身而出，爲提高和改善族人的經濟地位和政治權利進行吶喊和抗爭。

二、島內：政治環境的改變

20 世紀 70 年代，臺灣當局因國際政治局勢的風雲突變在外交上陷於潰敗境地。1971 年 10 月 25 日第 26 屆聯合國大會通過了關於恢復中華人民共和國

〔註2〕本多俊和：《原住民運動十載回顧——合作與紛爭》，《中國農業大學學報》2007 年第 4 期。

在聯合國及其一切機構合法席位的 2785 號決議，臺灣當局被驅逐出聯合國。
隨後，國際上掀起了一股與臺灣斷交的熱潮。1971 年有 12 個國家與臺灣斷交，
1972 年更多達 27 個。其中，對臺灣衝擊最大的是美國、日本與臺灣斷交，轉
而與中華人民共和國實現「關係正常化」。

世界政治環境的巨變使臺灣當局的國際生存空間大幅萎縮。島內民眾開
始對國民黨政權的「合法性」與「正當性」提出質疑，要求其取消戒嚴，解
除黨禁報禁，結束獨裁統治，實行民主政治的呼聲此起彼伏。此時已實際掌
握實權的蔣經國在意識到問題嚴重性的同時，也深感唯有改弦易轍，另謀出
路，方可挽救前途渺茫的臺灣。為了籠絡民心，維繫政權，蔣經國在 1972 年
正式擔任「行政院長」後，開始實行一系列的政治改良措施，其核心內容主
要有兩點：一是提拔重用本省人，實施政權「本土化」；二是對當局幾十年來
以「戒嚴」為名，行獨裁專制之實的做法進行調整，實施政治「民主化」。〔註
3〕然而，改良的結果卻是「無心插柳柳成蔭」，非但沒有達到其鞏固統治地位
的目的，反而使黨外反對勢力迅速成長壯大。

20 世紀 80 年代，在黨外反對勢力的推動下，臺灣社會彌漫著一股以
黨國威權體制為抗爭對象的「街頭政治」風氣。據吳介民統計，1983 年至
1986 年間，臺灣共發生了 2894 次抗議事件，其中最明顯的變化是黨外勢
力政治訴求的發展，即由初期的「自住、自決，救臺灣」逐漸演變成要求
臺灣獨立，尤其是 1983 年成立的「黨外編輯作者聯誼會」為鼓吹臺獨的
中心。〔註 4〕在這些街頭抗爭事件中，以「中壢事件」〔註 5〕和「美麗島

〔註 3〕 羅春寒：《20 世紀八九十年代臺灣少數民族政治運動初探》，《北京行政學院學
報》2010 年第 5 期。
〔註 4〕 吳介民：《政體轉型期的社會抗議——臺灣一九八○年代》，國立臺灣大學政
治研究所碩士論文，1990 年，第 54 頁。
〔註 5〕 「中壢事件」：1977 年 11 月 19 日，臺灣當局舉行臺灣「省議員」、「縣市長」、
「縣市議員」及鄉鎮縣轄「市民代」和「鄉鎮縣轄市市長」五項地方公職人
員選舉時，參加桃園縣中壢鎮投票的選民，對國民黨當局用金錢收買，警察
干涉等手段控制選票，以保證國民黨提名的候選人當選的舞弊行為極為不
滿。在部分「黨外人士」帶頭下，上萬群眾包圍了中壢鎮「警察分局」，當場
燒毀 8 輛警車、60 輛雙輪摩托車。國民黨出動「鎮暴隊」，向選民開槍射擊，
打死 1 名大學生和 1 名工人，從而更加激怒了選民，選民放火焚燒了中壢「警
察分局」。臺報稱，這是國民黨去臺後舉辦「地方公職人員選舉」以來所發生
的規模較大的一次政治性事件。這次事件徹底暴露了國民黨統治的危機，對
臺灣國民黨獨裁統治的打擊甚大，也是黨外政團崛起的關鍵。

事件」〔註6〕最為著名。在「中壢事件」中，國民黨當局妥協讓步，讓黨外反對勢力嘗到甜頭，信心倍增。此後，為擴大興論宣傳，黨外勢力不斷突破禁令，創辦各種刊物宣傳反對國民黨。1979年12月10日是世界人權日，《美麗島》雜誌編輯部欲借機申請遊行集會，但未獲批准。不過，組織者依然決定如期在高雄市發動遊行示威。當天晚上，遊行集會活動按計劃進行，國民黨當局出動鎮暴軍警強行驅散，引發激烈衝突，雙方多人受傷。爾後，國民黨當局下令拘捕有關組織者，並搗毀查封《美麗島》雜誌社。儘管如此，事後蔣經國依然表示，此次事件「不會影響我們推動民主法治的既定政策及決心。民主法制之路，是我們一定要走的路」。〔註7〕可以說，國民黨改良政策所營造的較威權體制時期寬鬆許多的社會政治環境為臺灣原住民運動的興起提供了契機，而黨外勢力的「反對運動」則為臺灣原住民運動起了示範作用。

此外，臺灣當局民族政策的失誤亦是促使原住民運動興起不容忽視的重要原因。客觀而言，國民黨當局的民族政策雖有成功之處，但失策之處也頗為明顯。國民黨敗退臺灣之後，只注重改善民生，強調提高原住民的物質生活水平，即推行所謂的「山地平地化」政策，而忽視了對原住民傳統文化的保護和傳承。國民黨當局為了消除日本殖民文化的影響，先是要求原住民全面恢復或改用漢姓，然後頒佈《臺灣省各縣山地推行國語辦法》，近乎強制地推行「國語」。這種帶有強制性同化意味的民族政策給臺灣原住民的傳統文化造成無可估量的損失。在短短幾十年間，臺灣原住民的母語基本消失，風俗習慣流失嚴重，民族認同感減弱，漢化現象普遍。在土地政策方面，「山地保

〔註6〕「美麗島事件」：又稱「高雄事件」，是臺灣黨外勢力直接領導的，與國民黨當局展開的一場有組織、有準備的政治較量，因圍繞《美麗島》雜誌展開而得名。1979年12月10日，《美麗島》雜誌社以紀念「世界人權日」為由，在高雄組織2萬多人集會，並在晚上舉行遊行，強烈要求國民黨當局「解除戒嚴令」，「開放黨禁、報禁」。國民黨當局則出動大批軍警進行鎮壓，並與遊行民眾發生大規模流血衝突，造成近200人受傷，釀成震驚海內外的「美麗島事件」，又稱「高雄事件」。之後，臺灣當局開始大規模收捕事件參與者，黃信介、施明德、張俊宏等共152名黨外人士以「涉嫌判亂罪」被抓扣，聚集在《美麗島》雜誌周圍的黨外運動核心人物幾乎被一網打盡。《美麗島》雜誌及其在各地的分支機構被查封。1980年，經過「軍法審判」，以「為中共統戰」和「臺獨叛亂」罪名，大多數被捕人員被判刑入獄。「美麗島事件」雖使黨外勢力的活動受挫，但也使國民黨的統治受到了嚴重挑戰，並為後來黨外勢力的再起和反對黨的出現打下了基礎。

〔註7〕江南：《蔣經國傳》，中國友誼出版公司，1993年，第474頁。

留地」政策並沒有嚴格實施，原住民的傳統領地被侵佔現象增多，生存空間日益減少。臺灣原住民傳統社會、經濟與文化制度的延續發展面臨巨大威脅。民族政策的失誤以及由此產生的系列社會問題是臺灣原住民運動興起最直接的原因，也是原住民向臺灣當局抗爭的最主要內容。〔註8〕

第二節　臺灣原住民運動的歷程：理念、組織與路線

臺灣原住民運動最初由臺大校園內的原住民學生發起，其後在黨外反對勢力與基督教長老會的支持與介入下，運動理念由初期的喚醒原住民自救圖存逐漸提升為訴求政治權益，運動組織隨之不斷完備與多元，運動路線也由「個案服務」轉變為「街頭抗爭」。〔註9〕

一、組織與理念：從《高山青》到「原住民族權利促進會」

1983 年初，臺灣大學的原住民學生伊凡·諾幹、夷將·拔路兒和巴萬尤幹等在如火如荼的黨外「民主運動」的影響下，針對原住民在政治、經濟與文化上日益邊緣化的處境，決定創辦雜誌來抨擊國民黨當局的民族政策，並激發族人團結奮進。同年 5 月 1 日，《高山青》第一期出刊。在這本標有「內部發行」及「看後請傳閱」字樣的手寫體油印本雜誌裏，他們提出了兩個主要觀點：一、高山族正面臨種族滅亡的危機；二、提倡高山族民族自救運動。《高山青》在「救國團北區山地大專學生聯誼會」上分發後，立刻引起在場的三百多位原住民學生的強烈反響，以致引起軍訓教官的注意，要求學生交出《高山青》刊物，並加強洗腦工作。同年 10 月，由夷將·拔路兒主編的《高山青》第二期又出刊，主題為「吳鳳是我們殺的，因為他是奸商」，同時指出創辦這份刊物目的是「探討山地問題，喚起山地自覺，關懷山地社會，進而自助自救。」因當時的臺灣尚未解除戒嚴，《高山青》屬非法出版物，所以到 1988 年停刊時總共才發行了六期。儘管《高山青》的發行量甚小，但影響卻頗大，因為它揭開了臺灣原住民運動的序幕。

誠然，伊凡·諾幹等希冀借助《高山青》來激發長期處於弱勢地位的臺灣

〔註8〕 羅春寒：《20 世紀八九十年代臺灣少數民族政治運動初探》，《北京行政學院學報》2010 年第 5 期。

〔註9〕 夷將·拔路兒在《臺灣原住民族運動發展路線之初步探討》一文中將臺灣原住民分為兩個發展時期：一為個案服務時期；二為向統治者抗爭時期。

原住民團結起來自覺自救，可是，雜誌的創辦者都是涉世未深，缺乏社會資源的在校大學生，他們要想將自己的理念付諸社會運動實踐，若沒有其他社會力量的介入與扶持恐怕難以實現。1983 年底，卑南族歌手阿勒‧路索拉門在臺北新公園為黨外人士助選立委時控訴原住民的困境。在他助講完下臺之際，夷將‧拔路兒遞給他一份《高山青》雜誌。這位歌手發現《高山青》的理念竟與自己所提倡的「為原住民助醒，為平地同胞助識」之主張完全契合，於是開始與伊凡‧諾幹等交往。憑藉著阿勒‧路索拉門與黨外運動領袖之間的私誼，伊凡‧諾幹與「黨外編輯作家聯誼會」取得聯繫，並有機會向他們介紹《高山青》的理念。1984 年 4 月 4 日，「黨外編輯作家聯誼會」針對臺灣原住民問題成立「少數民族委員會」，成員為《高山青》雜誌的骨幹及部分黨外人士，並於同年 6 月 24 日發表成立宗旨，印發《臺灣高山族自救解放宣言》，正式開啟了臺灣原住民運動與黨外反對運動之間的互惠發展關係。〔註10〕可以說，《高山青》的理念得以走出校園，逐漸在臺灣成為一股有影響力的社會運動思潮，阿勒‧路索拉門的引介與黨外反對勢力的協助起了至關重要的作用。

其實，「黨外編輯作家聯誼會」成立「少數民族委員會」並非毫無私利地完全是為臺灣原住民爭取權益。我們從「少數民族委員會」的宗旨「聯合所有關心少數民族權益的山地人與平地人」中可窺見一斑。「黨外編輯作家聯誼會」可能是覺得《高山青》是一種新的政治資源，可以借助控訴原住民的悲慘命運來號召和組織更多的人參與到反抗國民黨威權統治的隊伍當中，同時贏得原住民對黨外反對運動的支持，擴大其群眾基礎。

1984 年底，「少數民族委員會」中的原《高山青》骨幹感覺附屬在「黨外編輯作家聯誼會」下沒有自主性，自己的理念與力量無法盡使，於是決定單獨成立以原住民為主體的組織以施展抱負。是年 12 月 29 日，包括原住民及漢人在內的 24 個人在臺北的馬偕醫院成立「臺灣原住民權利促進會」，以取代原來的「少數民族委員會」。翌年，會員發展到 53 人，其中，原住民 39 人，漢人 14 人。39 位原住民會員中，排灣 10 人、泰雅 9 人、阿美 7 人、太魯閣 5 人、布農 2 人、卑南 2 人、魯凱 1 人、鄒族 1 人、邵族 1 人、平埔 1 人，可見除了賽夏和雅美外，其餘族群皆有代表，且各族代表所佔的比例與族群大

〔註10〕 謝世忠：《原住民運動生成與發展理論的建立──以北美與臺灣為例的初步探討》，載《族群人類學的宏觀探索：臺灣原住民論集》，國立臺灣大學出版中心，2004 年，第 39 頁。

小基本相符。〔註11〕

　　「臺灣原住民權利促進會」（以下簡稱「原權會」）以「服務、文字、言論、和平行動等方式，保障並促進臺灣原住民之權利爲宗旨」，入會者「不分種族、宗教、黨派、性別、職業」。會員大會爲「原權會」的最高決策機構，下設促進委員會與執行委員會。促進委員會包括五位委員，大會選出會長，副會長，總幹事等領導幹部；執行委員會負責行政業務，下設總務、學生、組訓三組。另設研究、服務和開發三部。其中，「研究部」職司策劃執行有關原住民研究、調查、資料收集、刊物出版等，設有總編輯，負責編輯《原住民》雜誌，以期成爲原住民溝通的渠道。「服務部」職司聯繫各山地服務性團體，儲訓社工人員，提供最迫切、最直接而具體的服務，如法律支持、醫療關懷、外出原住民與各族部落的聯繫等，其下又設立原住民咨詢服務中心。「開發部」則協助經費籌措、出版物的發行與推廣，並規劃有關山地文化事業的經營。〔註12〕1987年，「原住民權利促進會」易名爲「原住民族權利促進會」。雖然只是將「原住民」改爲「原住民族」，但其中卻透視著運動理念的變化，因爲「原住民」一稱或只適於泛指個人身份的籠統範疇，而「原住民族」則明白地表露了一個整體性的，具有同樣意識形態及力量集中之人群的概念。〔註13〕「原權會」的成立是臺灣原住民運動的一個里程碑，標誌著它開始以組織化的形態正式展開。在此後的臺灣原住民運動中，「原權會」始終扮演著主導性的角色。

　　臺灣原住民運動的領導者在完備組織建設的同時，理念也在不斷地發生轉變。《高山青》、「少數民族委員會」和「臺灣原住民族權利促進會」的宗旨與主張中對此有甚爲清晰的反映。《高山青》第一期指出臺灣高山族自覺運動的目的有七條：一爲激發高山族之自覺奮起；二爲反對同化政策；三爲主張尊重；保障臺灣少數民族的基本權益；四爲普及山地社會的政治教育；五爲力倡高山族團結；六爲力主高山族經濟利益之獨立；七爲革新山地社會。「少

〔註11〕謝世忠：《認同的污名——臺灣原住民的族群變遷》，自立晚報社，1987年，第77頁。

〔註12〕汪明輝：《臺灣原住民族運的回顧與展望》，載張桂茂、鄭永年主編：《兩岸社會運動分析》，新自然主義，2003年，第95～135頁。

〔註13〕謝世忠：《原住民運動生成與發展理論的建立——以北美與臺灣爲例的初步探討》，載《族群人類學的宏觀探索：臺灣原住民論集》，國立臺灣大學出版中心，2004年，第40頁。

數民族委員會」的宗旨是：一為嚴重關切山地經濟遭受掠奪之情況；二為深入調查臺灣少數民族童工、雛妓、船員及其他勞動者受迫害之情事；三為闡揚臺灣少數民族文化的珍貴價值，抵制同化政策；四為促進少數民族的政治覺醒，鼓吹少數民族的自治權利；五為其他有助於臺灣少數民族尊嚴與權益的事項。「臺灣原住民族權利促進會」在其發表的《臺灣原住民族權利宣言》中主張臺灣原住民有權決定自己的政治地位以及自由謀求自己經濟、社會與文化的發展方向；原住民可實施區域自治，提升主管行政機構為中央層級；各級議會的原住民代表有否決權；國家立法保障原住民的地位與權益；國家必須承認原住民人口、地區與社會組織，歸還被侵奪的土地與資源；原住民有權利用資源滿足自己的需求；有權決定自己的社會機構與權利範圍；有權使用及發展自己的語言、文字以及保持或改革自己習俗習慣的自由，有權用本族語言接受教育；有恢復固有姓名的權利，等等。〔註 14〕概而言之，臺灣原住民運動初期的理念僅在於試圖喚醒高山族的民族意識，促進其組織各種團體，以自己的力量主動爭取應有的權利和地位。同時呼籲政府尊重和保障原住民的基本權益。「少數民族委員會」的理念主要在於為原住民的個人權益問題提供服務，並力圖促使原住民的政治覺醒。「臺灣原住民族權利促進會」的理念則基本上集中在政治權益訴求方面，甚至提出原住民實施區域自治，並將行動層次定位為原住民族與國家之間的談判協商。筆者認為，臺灣原住民運動的理念由初期的喚醒原住民自救圖存逐漸轉變為政治權益訴求，黨外勢力的介入與干預是最根本的原因。而正是由於臺灣原住民運動過渡依賴外部力量，喪失了自主性與純潔性，以致於訴求逐漸遠離初衷，且不斷提高，從而使運動的性質受到質疑，成就大打折扣。

二、路線與形式：從「個案服務」到「街頭抗爭」

回顧臺灣原住民運動的發展歷程，我們可以發現它的抗爭路線與運動理念一樣前後有別。在此，我們不妨參考夷將・拔路兒的做法，依據運動的組織路線和活動形式將臺灣原住民運動分為「個案服務期」和「街頭抗爭期」兩個階段。

從 1984 年 12 月「原權會」的創立到 1987 年 3 月「原權會」召開第二屆

〔註14〕汪明輝：《臺灣原住民族運的回顧與展望》，載張桂茂、鄭永年主編：《兩岸社會運動分析》，新自然主義，2003 年，第 95～135 頁。

第一次會員大會，臺灣原住民運動的活動形式基本上是以受理都市原住民個案問題爲主。「原權會」成立後秉承著「以服務的方式，保障和促進臺灣原住民權利」的宗旨，致力於免費爲原住民解決生活中碰到的棘手問題，並試圖藉此向原住民灌輸權利觀念，宣揚「原權會」的理念；也借著個案服務的機會，更切實際地瞭解原住民的困境，強化原住民運動發展的決心。其實，就當時的客觀環境而言，個案服務是較切合實際的活動形式。因爲一方面「個案服務」是主流社會較能認同的活動方式，也是統治者可以容忍的組織模式；另一方面，相對於主流民族，原住民的生活境遇與工作狀況確實存在很多問題，令人堪憂。誠如阿勒·路索拉門在一次黨外政見發表會上的控訴：「你們吃魚，在海上捕魚的是山地人；你們住樓房，蓋房子的是山地人；你們燒煤炭，挖煤的是山地人；你們用核能發電，核子廢料丟到山地人居住的蘭嶼；你們有人去嫖妓，被嫖的是我們山地人。」〔註 15〕原住民所從事的工作被形容爲「最高的鷹架，最深的地底，最遠的海洋，最重的背負物以及最暗無天日之空間。」據有的人粗略統計，當時臺灣發生的煤礦災難中，罹難者二分之一是原住民；在海外被扣留的漁民，在黑街充當雛妓的少女幾乎都是原住民。

在個案服務期間，「原權會」除了集中力量處理都市原住民的勞資糾紛、車禍救難、居住問題、醫療費用等個人權益問題外，也適時進行文字教育的「助醒」工作。例如，「原權會」發行《原住民》會訊，向臺灣社會控訴原住民的困境。此外，在個案服務期間基督教長老會也扮演了重要角色。1986 年，臺灣基督教長老會爲了關懷原住民問題與權益，先後分別成立了關懷原住民勞工、雛妓、漁民與社區的機構，在一定程度上取代了「原權會」個案服務的角色。

在「個案服務」階段，「原權會」固然幫助許多原住民的個人與家庭解決了不少迫在眉睫的問題。但是，在外部勢力的介入與引導下，「原權會」逐漸認識到原住民問題錯綜複雜，對一個財力與人力都極其有限的運動性組織而言，根本無法解決原住民多如牛毛的個案問題。況且，原住民問題是國民黨統治體制所造成的，個案服務無疑是在替統治者減輕社會問題，縱容其繼續實行錯誤的政策，社會大眾也不會改變對原住民的刻板印象與態度。所以個

〔註15〕陳國祥：《爲促進山地人權益而高歌：胡德夫，全力投入心事誰知》，《自立晚報》，1985 年 1 月 6 日。

案服務儘管對原住民的個人與家庭具有迫切性，但對於整體上改善原住民的處境卻於事無補。〔註 16〕

個案服務進行了二年多時間，耗掉了整個組織的人力與財力，加上運動領袖接二連三地投入公職選舉，「原權會」幾乎就要瓦解。1987 年 3 月，「原權會」進行改組，運動路線隨之作了調整，即由對原住民的個案服務轉變為實際的集體行動向統治者抗爭。

其實，最早因原住民問題而大規模動員群眾進行遊行示威的是 1987 年 1 月由關心原住民雛妓問題的彩虹婦女事工中心所發動的抗議「販賣人口」的華西街大遊行。不過參加遊行的群眾仍是以非原住民居多，而且活動的主要決策者也以非原住民占多數。1987 年以後，原住民的自主性團體逐漸增多，但是組織規模並沒有超越最早成立的「原權會」。這些自主性團體與「原權會」在此後的原住民運動中往往彼此聯合共同發起活動。

1987 年 3 月，以「原權會」為主體的原運團體為抗議南投縣政府以妨害「風景區景觀與地方繁榮」為由，強行挖掘信義鄉東埔村布農族祖墳，並任意將屍體暴露，而前往南投縣政府、行政院及總統府抗議東埔挖墳事件，一連串的原住民抗爭活動由此拉開序幕。抗議對象及活動的地區由首都行政區延伸到各級地方政府、機關學校，甚至具有某種象徵意義的建築物。抗議活動的主導團體雖然仍以「原權會」為主，但更多的是自主性族群團體、學生團體、部落抗議團體、宗教團體等。據黃鈴華統計，自 1987 年至 2001 年，原住民的街頭抗爭總共發生 279 次，即平均每年有 20 次左右的街頭抗爭行動。抗爭訴求涉及政治、經濟、教育、環境、社會、法制、醫療、媒體、外交、司法、文化等 11 個議題。〔註 17〕在這些街頭抗爭活動中以破除吳鳳傳說運動、還我土地運動、正名與憲法條款運動影響最大。

（一）破除吳鳳傳說運動

「吳鳳傳說故事」在臺灣流傳甚廣。傳說吳鳳為清代阿里山的通事，負責鄒族與漢人交往時的翻譯。他為了革除鄒族獵頭習俗，「舍生取義」犧牲自己的人頭以換取鄒族埋石立誓，放棄殺人獵頭的惡習。這個故事還被編入小

〔註 16〕夷將・拔路兒：《臺灣原住民族運動發展路線之初步探討》，載《原住民文化會議論文集》，行政院文化建設委員會彙編，1994 年，第 275～296 頁。
〔註 17〕黃鈴華：《臺灣原住民族運動的國會路線》，財團法人國家發展文教基金會，2005 年，第 61 頁。

學教科書，用來教導漢人與原住民的孩童。於是，漢人從小就對原住民產生野蠻，嗜殺與落伍的刻板印象，而原住民從「吳鳳傳說故事」中獲知自己的祖先原來這麼野蠻，文化這麼落後，因而感到自卑，轉而學習漢人的生活方式，逐漸掩飾或否定自己的原住民身份。

1980 年代初期，人類學家陳其南與胡台麗發現吳鳳並非像傳說故事中所描繪的那樣偉大，他只不過是一個普普通通的通事，負責鄒族與漢人間的翻譯工作，兼辦買賣，即以布、鹽、鐵等漢人物品收購鄒族狩獵所得的鹿皮，鹿骨、鹿肉等，從中牟利。後來吳鳳因故被鄒族殺死，恰巧此後鄒族部落發生瘟疫，族人死亡眾多。鄒族以為是惡靈作祟，遂棄社逃亡，且一時不敢再殺漢人。「吳鳳傳說故事」的真實被揭露後，原住民精英開始懷疑統治者言行的真實性與權威性。1983 年 7 月，夷將·拔路兒等前往殺死吳鳳的鄒族吳鳳鄉考察，實地瞭解鄒族人對吳鳳故事的看法，結果沒有人認同小學教科書裏吳鳳的偉大事蹟。有一個鄒族老人以非常堅定的口氣說「吳鳳是我們殺的，因為他是奸商」。

1985 年 9 月 9 日，臺灣當局的官員前往嘉義縣中埔鄉，要為耗資一億五千萬元擴建的吳鳳廟園進行開幕剪綵。阿勒·路索拉門與伊凡·尤幹、多奧·尤給海及兩位鄒族青年也前往抗議，拉著寫有「對不起，吳鳳你並不偉大」的白布條，揭開系列抗議活動的序幕。1987 年 9 月 9 日，「原權會」聯合 39 個團體帶領原住民和漢族的大學生、基督教長老會牧師共二百餘人前往嘉義火車站吳鳳銅像前，手持寫著「吳鳳是劣士，莫那魯道是烈士」、「鄒族的故鄉不可能是吳鳳鄉」、「拆除吳鳳銅像」等布條進行抗議，並向銅像丟雞蛋，遊行至嘉義縣政府，要求拆除銅像，將吳鳳鄉改名為阿里山鄉。1987 年 9 月 10 日，「原運」代表前往「教育部」請願，要求從課本中刪除吳鳳故事，經歷一陣小衝突後才見到部長，當場得到部長允許。當天下午五百多人仍繼續遊行，高唱原住民歌，跳原住民舞步，展現原住民特色的遊行。1988 年，吳鳳鄉代表經過激烈辯論後決定更改名為阿里山鄉。同年的最後一天，二十位原住民青年以鐵鏈合力將嘉義火車站前的吳鳳銅像拉到。〔註 18〕

（二）還我土地運動

在漢人移民進入臺灣之前，島上居住著數以萬計的原住民。他們以部落

〔註 18〕夷將·拔路兒：《臺灣原住民族運動發展路線之初步探討》，載《原住民文化會議論文集》，行政院文化建設委員會彙編，1994 年，第 275～296 頁。

為單位，聚族而居，認為部落及其周圍的土地都是「祖公所遺」，絕不允許外人侵佔，故而，漢人渡臺後通常以「繳納番租」或「貼納番餉」的形式向原住民贌耕土地。經過清朝二百餘年的發展，經濟文化上居於弱勢地位以及思想上沒有積蓄觀念的原住民多被漢化，或被迫遷徙，土地已絕大部分流失到漢人手裏。迨至日據初期，原住民擁有的土地只有 170 萬公頃。日本殖民期間通過各種措施蠶食鯨吞原住民的土地，如實施林野調查、集團移住、水田定耕等。到日據末期，原住民的土地總共只剩 24 萬公頃。臺灣光復後，國民黨政府將原住民的生活區域劃定在 24 萬公頃的「山地保留地」內。而原住民先前被日本人沒收的土地則被國民政府劃為國有林班地、大學實驗林、國家公園、森林遊樂園、生態保育、水泥公司採礦區、退伍軍人農場等，禁止原住民使用。不僅如此，因土地的私下買賣不斷，原住民的保留地也日益流失。在人口逐漸增加，而保留地不斷減少的情況下，原住民愈加貧困化，他們渴望收回昔日失去的土地。這為還我土地運動提供了廣泛的群眾基礎。此外，基督教長老會在還我土地運動中起著至關重要的動員和組織作用。因為基督教長老會所使用的土地多是向政府租用的山地保留地，教會每年都必須向政府繳納高額的租地稅金，這引起教會人士普遍不滿，所以他們迫切希望發動還我土地運動。

1988 年 7 月 11 日，臺灣原住民族權利促進會、臺灣基督教長老會總會山地宣道委員會人權與社會關懷小組、臺灣基督教長老會總會社會服務發展委員會、臺灣原住民族發展協會、岱原人還我土地運動促進會、岱原同胄發展研究社等六個團體組成「臺灣原住民族還我土地運動聯盟」，開始動員和組織還我土地運動。8 月 25 日，來自全島各地的兩千多名原住民身著傳統服裝高呼「為求生存，還我土地」，遊行於臺北街頭，是為第一次還我土地運動。一年之後，1989 年 9 月 27 日，原住民再次為爭取土地權益走上街頭，是為第二次還我土地運動。第二次遊行的人數與第一次相當，口號為「土地就是生命」、「土地就是母親」。還我土地運動前兩次的抗爭訴求大致可分為宣示性訴求和具體性訴求。在宣示性訴求方面，強調「國民黨政府必須承認原住民族對臺灣這塊土地的權利是絕對的；優先的，後來移民來的漢族強取豪奪占去的土地與先後不同政府透過公權力所佔有的土地應歸還」。至於具體性訴求，第一次遊行有六項，分別是：（1）盡速檢討調整山地保留地，將國有林班地、國有財產地等徹底清查，以便盡還給原住民。山地保留地被劃分為林地、旱地、

田地、建地等，應全面發給所有權狀且不得有不利原住民之規定。（2）原屬於原住民之土地，但後來被劃為國有、省有、縣有及臺糖佔有之土地、河川新生地，無償歸還給平地山胞，作為其保留地。凡向國有財產局承領土地所繳納的購地本息，應盡速退還。（3）山地教會租用地比照平地教會給所有權狀。（4）凡原屬山胞保留地，經國家徵用作其他用途者，若不能回覆原狀時，請從國有土地劃定相等面積且等值之土地歸還予原住民。（5）臺灣原住民族之土地權應立即透過國會立法加以保障之。（6）在中央政府設立部會級之專責機構，以制定並管理臺灣原住民族之事務。第二次還我土地運動有九大訴求，其中有四點訴求是對第一次訴求的第（1）（2）（3）（6）的重申，增加的部分是（1）經由省政府研商同意增編的 12000 公頃土地，行政院應立即核定並盡速歸還。（2）待洽商的 42418 公頃土地政府應無條件歸還原住民。（3）請政府公佈原住民目前實際使用「山地保留地」情形，並公佈原屬「山地保留地」後來被政府徵收或漢族租用的情形。（4）政府未經原住民之同意，不應任意徵收原住民之土地。（5）反對內政部所制定的「山胞保留地開發管理辦法」。〔註 19〕

　　1993 年是國際原住民年。原運團體在參加國際原住民會議，吸收國外原住民爭取土地的經驗後於 1 月 23 日發動第三次還我土地運動，參加遊行的人數超過一千。第三次還我土地運動的組織與抗爭訴求比前兩次更高。在組織名稱方面除了沿用原有的「還我土地」之外，增加了抗爭性的「反侵佔」與積極性的「爭生存」。在宣示性訴求方面，發表「臺灣原住民反侵佔、爭生存、還我土地運動宣言」。在近四千字的宣言裏強調原住民擁有對臺灣的自然主權；原住民族有權不承認漢人國家未經和平談判，嚴重違反和平原則和正義程序，以強大武力將原住民族賴以生存的土地強納入版圖之行為；原住民問題是「國家」與被侵略民族之間的問題。在具體性訴求方面，詳細地羅列了反侵略、爭生存、還我土地運動的各項主張，並提出了修改立法的清單。因第三次還我土地運動在行動層次上定位於原住民族與國家之間的談判協商，故遊行的目的不再是立法院、行政院，而是中華民國外交部，提出「國家與原住民代表，平等訂立土地條約，劃定原住民族土地領域。」〔註 20〕

〔註 19〕　夷將‧拔路兒：《臺灣原住民族運動發展路線之初步探討》，載《原住民文化　　　　　會議論文集》，行政院文化建設委員會彙編，1994 年，第 275～296 頁。
〔註 20〕　汪明輝：《臺灣原住民族運的回顧與展望》，載張桂茂、鄭永年主編：《兩岸社

　　還我土地運動訴求未得到政府的妥善回應，卻引起了漢人的恐懼。1993年 4 月，居住在南投縣仁愛鄉與信義鄉的漢人，組成「山地鄉平地人民權益協進會」，並串聯其他「山地鄉」的漢人於 1994 年 3 月 22 日動員近 400 人前往行政院與立法院抗議，要求政府開放漢人可以取得保留地的所有權，保留地可以自由買賣，以及開放讓漢人參與山地鄉的選舉。自此，還我土地運動不僅要向政府抗爭，同時還要應對漢族既得利益者的挑戰，面臨的困難可想而知。

（三）正名、自治與憲法條款運動

　　清朝時期，臺灣原住民被統稱爲「番」，日據初期則以「蕃」取代「番」。無論「番」還是「蕃」，其實都是將臺灣原住民視爲只具人形而不具人理的異類。國民黨敗退臺灣後，官方廢棄了這種歧視意味濃厚的稱呼，改稱臺灣原住民稱爲「山胞」。儘管如此，臺灣原住民精英依然覺得「山胞」這個稱呼不理想。例如，夷將‧拔路兒曾在 1985 年 2 月 15 日出刊的原權會第一期會訊上指出山胞稱呼具有「殖民統治、大漢沙文主義的同化政策、分化原住民」的意味。[註21] 基於對族稱的不滿，臺灣原住民精英掀起了一場「正名運動」。

　　所謂「正名」，指的是根據「名從主人」的原則，在法律上重新定位臺灣原住民的名稱。1984 年「臺灣原住民權利促進會」成立時採納人類學者王志明的建議，首次使用「原住民」作爲臺灣少數民族的稱呼。此後，臺灣的傳播媒介、宗教界、學術界、在野黨派都隨之開始採用「原住民」這個稱呼。然而，臺灣當局卻一直不承認這個名稱。1991 年 4 月 8 日，第一屆國民大會召開憲改會議，欲將「平地山胞」與「山地山胞」的稱呼列入《中華民國憲法》增修條文第一條及第二條。也就是說，「山胞」這個稱呼將正式被賦予憲法的地位。「原權會」立即發表聲明進行抗議，並推選代表前往陽明山請願，要求國民大會以「臺灣原住民族」替代官方傳統沿用的「平地山胞」與「山地山胞」，主張立法委員與國民大會代表各族至少一人。這是「正名」運動與「憲法」運動相結合的起點。與此同時，原住民各族代表宣佈成立「臺灣原住民族自治區議會籌備會」，提出原住民自治的主張。1991 年 6 月 6 日，自治

會運動分析》，新自然主義，2003 年，第 95～135 頁。

〔註21〕 蔡明哲等：《臺灣原住民史：都市原住民史篇》，臺灣文獻委員會，2001 年，第 288 頁。

籌備會與原權會、臺灣基督教長老會原住民宣道會聯合推動「廢除蒙藏委員會，成立原住民族委員會」的遊行，除要求提升原住民族行政科層外，更意欲藉此凸顯原住民的特殊地位，以及臺灣政府荒謬不切實際的蒙藏民族政策。1991 年底，原權會與基督教宣道會共同發表《臺灣新憲原住民族自治條款宣言》，指責國民黨政權未與原住民族訂立任何條約或經其同意侵佔他們的土地，致使原住民淪為被殖民的民族。1992 年國民大會再次召開憲改會議，原運團體提出「原住民族條款」，主要有四項訴求：（1）山胞正名為原住民。（2）保障土地權。（3）設立部會級專責機構。（4）原住民自治。5 月 21 日，原運團體發動「原住民族憲法條款」大遊行，當日冒著風雨自文化大學遊行至陽明山中山樓，並焚燒寫有「山地山胞」的布條。但 26 日在原住民學生的哭號下，國大強行表決通過國民黨的「山胞條款」，九位原住民的國大代表經李登輝「摸頭、握手、攔腰、拍照」，終棄族意而就黨意。1994 年 4 月 23 日國民大會第三次憲改時，原權會與民進黨原住民族委員會、基督教長老會總會原住民宣道委員會等原運團體舉行遊行，並試圖進入國民黨臨時中全會會場遞交請願書，要求將「臺灣原住民族憲法條款」列入修憲要點。1994 年 6 月 23 日，原運團體再度發起「爭取正名權、土地權、自治權入憲」大遊行，提出五項訴求：「山胞」正名為「臺灣原住民族」；立法保障土地權；立法保障自治權；行政院設立部會級專責機構；立法委員與國民大會代表各族至少一人。此次參與遊行的人達 2000 人。遊行隊伍前往總統府向李登輝請願。7 月 1 日臺灣原住民族憲法運動宣達團 26 人前往總統府會見李登輝，表達修憲五大主張，結果只獲允山胞正名為原住民，土地權與自治權均未被接受。於是 7 月 29 日聯盟發表嚴厲譴責，並進一步主張廢除國民大會。1997 年國民大會第四次憲改之際，「原權會」再次發動「616 原住民族上草山」大遊行，提出正名為「原住民族」，保障土地權、參政權、發展權的要求。臺灣當局終於被迫接受了原住民的部分訴求，在新修的憲法條文中開始使用「原住民族」這個稱呼。不久，行政院成立了「原住民委員會」。臺灣省也將原有的「原住民行政局」提升為「原住民事務委員會」。〔註22〕

　　2000 年後，臺灣原住民運動逐漸歸於沉寂。筆者認為，這可能與臺灣的政黨輪替有莫大關聯。因為國民黨的下臺使得臺灣原住民運動失去了傳統的

〔註22〕汪明輝：《臺灣原住民族運的回顧與展望》，載張桂茂、鄭永年主編：《兩岸社會運動分析》，新自然主義，2003 年，第 95～135 頁。

抗爭對象，而民進黨獲取政權後不再支持社會反對運動，從而使臺灣原住民運動失去了昔日強有力的幕後支持者。

第三節　臺灣原住民運動的反思：成就與困境

　　縱觀歷時十餘年的臺灣原住民運動，我們不難發現它雖稱不上成績斐然，但確實有些收穫。首先，運動取得了一些具有標誌性的顯性成就。例如，正名運動使「原住民族」成功取代具有同化色彩的「山胞」；原住民的行政管理科層終於提升至中央部會級；行政院設立了「原住民委員會」。其次，臺灣主流社會改變了對原住民的認知。由於臺灣政客的操弄，島內族群政治鬥爭錯綜複雜，原住民作為人口最少、力量最弱的「臺灣四大族群」之一，長期被執政當局邊緣化，甚至虛無化。運動的興起，標誌著原住民作為一股新興的重要力量開始登上政治舞臺，並扮演重要角色。通過一系列的訴求與抗爭，臺灣主流社會逐漸改變了對原住民的傳統認知，執政當局對原住民權益的漠視也大為改觀。再次，在政黨政治中，國民黨與民進黨勢均力敵，這讓原住民從中找到參與臺灣政治角逐的切入點，發揮「關鍵少數」的作用，從中漁利。部會級「原住民委員會」的成立就是國民黨為拉攏原住民立委選票而兌現的允諾。最後，促進了原住民權益保障的法制化。臺灣原住民運動經過十餘年的抗爭，成功推動了數十部保障原住民權益法律法規的制訂、修正或完善，特別是《原住民教育法》、《原住民族基本法》等重要法律的頒佈，從法律上明確了臺灣原住民的平等地位，凸顯了原住民的生存權和發展權，避免了被強勢文化同化的命運。

　　臺灣原住民運動雖取得了些成就，但離原運團體的訴求目標尚有較大差距。特別是進入 21 世紀後，臺灣原住民運動似成強弩之末，逐漸歸於沉寂。究其原因，大概有以下幾點：

　　其一，組織內缺乏有效的管理機制，削弱了「原權會」的領導效力。「原權會」雖在運動中扮演組織者和領導者的角色，但「原權會」畢竟只是一個組織鬆散的群眾性團體，隨意性很大，其內部管理機制靠參與者的熱心、良知、覺悟、志願等來維持運作，缺乏一整套強有力的紀律、制度、規章。「原權會」曾於 1986 年和 1992 年兩次面臨解體的危機，就是因為不少骨幹成員離開「原權會」轉而加入民進黨或其他少數民族組織而引發的。不僅如此，「原

權會」領導層內部還經常因理念不同引發無休止的內訌紛爭，這極大地削弱了運動的實力，也對運動本身造成難以估量的負面影響。

其二，運動自始至終受到外來政治勢力的操縱干擾，失去獨立性、自主性，淪為其他政治勢力的附庸。事實上，除了《高山青》第一期是所謂「超黨派、宗教、純自主的、是知識分子出於良知的呼喚」外，整個運動一直被黨外反對勢力與基督教長老會操縱干擾而失去自主性。「原權會」從一開始就急於尋求社會資源的支持，強調要「超越種族、宗教和黨派……廣泛於擴散社會關懷層面，促使一切有利於原住民權利事項的社會資源，能夠在此大前提下，超越地域、宗派而得以彙聚」。由於有利可圖，黨外反對勢力與宗教組織當然願意協助，樂觀其成。後來，雖有人意識到受外部政治勢力的操控會失去自我，建議改變過去「原權會」給人是黨外運動的一支或延伸的不良印象，拿出自己的政治主張，使運動有自己的目標，防止原住民運動與政黨政治混為一談，但這一建議卻無法付諸實踐。過渡依賴外圍團體，以致彼此關係糾結不清，恐怕是臺灣原住民運動陷入困境最根本的原因。〔註23〕

其三，領導者熱衷於「國家」體制內的公職選舉。臺灣原住民運動的倡導者與組織者都頻繁參加公職選舉，樂此不疲。例如，1985 年底伊凡‧諾幹參選「山地山胞」省議員；1986 初丹耐夫‧景若參選屏東山地山胞縣議員；1986 底阿勒‧路索拉門參選「平地山胞」省議員；1989 年底夷將‧拔路兒與阿勒‧路索拉門同時參選「平地山胞」立法委員；伊凡‧諾幹參選「山地山胞」立法委員；多奧‧尤給海參選「山地山胞」省議員；1991 年多奧‧尤給海獲民進黨推薦政黨全國不區分國大代表候選人；1992 年夷將‧拔路兒與多奧‧尤給海分別參選「平地山胞」與「山地山胞」立法委員。〔註24〕原運領導者熱衷於公職選舉的現象結果給普通原住民造成這樣的印象，即他們只不過是以原運為幌子來滿足自己的政治欲望，故而普通原住民對運動的支持熱情始終不高。原運組織雖發動了多場抗議示威活動，但參加人數最多不過三千人，少則寥寥幾百人，甚至幾十人，活動的影響力可想而知。

現如今臺灣原住民運動雖然歸於沉寂，但餘波未了，主要表現在兩個方面：其一，在原住民的認定上，從 2000 年至今，先後有邵族、噶瑪蘭族、太

〔註23〕 羅春寒：《20 世紀八九十年代臺灣少數民族政治運動初探》，《北京行政學院學報》2010 年第 5 期。

〔註24〕 夷將‧拔路兒：《臺灣原住民族運動發展路線之初步探討》，載《原住民文化會議論文集》，行政院文化建設委員會彙編，1994 年，第 275～296 頁。

魯閣族、撒奇萊雅族和賽德克族等五個族群相繼被認定，這顯然是執政當局對原住民「正名權」再訴求的回應結果。其二，在民進黨的鼓動下，臺灣島內掀起一股研究「南島語族」歷史文化的熱潮。因爲在強調原住民「主體性」地位的前提下，通過對臺灣原住民是「南島語族」、「臺灣眞正主人」、「不是炎黃子孫，不是中華民族」等命題的論證來切斷原住民與中國大陸的歷史淵源關係，民進黨就能夠爲其「臺獨」訴求獲取歷史文化依據。可以說，臺灣原住民運動至今尚未走出外部政治勢力操控的陰影。

第九章　文化拯救與政治參與：臺灣的客家運動

　　臺灣客家運動是指客家精英有感於客家人在臺灣社會中的弱勢，發動的一場以搶救與復興客家語言文化為主要訴求，意欲藉此激發客家族群意識覺醒，爭取客家政治與經濟權益的社會運動。這場運動發軔於 1987 年《客家風雲》雜誌的創刊，歷經「還我母語」大遊行，籌設「寶島客家廣播電臺」與「客家電視臺」，創立「臺灣客家公共事務協會」與「行政院客家委員會」等活動。期間，客家運動雖難免捲入臺灣政黨政治的紛爭，但卻能從中漁利，促進運動的發展。

第一節　臺灣客家運動的背景

一、臺灣社會的轉型

　　國民黨敗退臺灣後，為了確保容身之地，苟延統治地位，頒佈「動員戡亂時期臨時條款」，對民眾的言論、出版、通訊、集會、結社等活動予以嚴格限制，實行威權統治體制。然而，1970 年代後，隨著國際形勢的變化和臺灣社會經濟的騰飛，島內民眾要求政治「民主化」與復興本土文化的呼聲日益高漲，社會運動風起雲湧，國民黨的威權體制面臨解體，臺灣開始步入社會轉型期。

（一）威權體制鬆動與社會運動興起

1949 年後，雖然國民黨的實際管轄權只限於臺灣、澎湖、金門與馬祖等地，但其主導的中華民國政府卻依然宣稱對整個中國擁有主權，並且在臺灣完整地保留一個適用全中國的政府架構。蔣介石認為，臺灣只是暫居之地，國民黨最終要返回大陸。他不僅提出了「一年準備、二年反攻、三年掃蕩、五年成功」的口號，而且還制訂了反攻大陸的「國光計劃」。借助於黨國威權體制和「反共復國」的意識宣傳，以及臺灣在美國圍堵中共戰略結構中處於前哨的地緣優勢，國民黨暫時穩固了其在臺灣的統治。然而，1960 年代後中蘇關係開始惡化，社會主義陣營發生分裂。美國為遏制蘇聯，改變圍堵中國的政策，採取「聯中制俄」策略。1971 年 10 月，聯合國大會通過了關於恢復中華人民共和國在聯合國及其一切機構合法席位的決議，臺灣當局被逐出了聯合國。1972 年，美國總統尼克松訪華，中美發表聯合公報，宣佈兩國關係走向正常化。在美國的影響下，國際上掀起了一股與臺灣斷交的高潮，臺灣當局的國際生存空間大幅萎縮。與此同時，美國還不斷向臺灣當局施壓，敦促國民黨政權開放黨禁，實行民主政治，而菲律賓、韓國等亞洲近鄰的民主化運動也給臺灣當局帶來巨大的外在壓力。[註1]

國際形勢的巨變使臺灣當局失去了外在支持，政權的「合法性」與「正當性」開始受到質疑與挑戰。為了擺脫危機，國民黨轉向島內尋求穩固政權的基礎，採取的措施是調整政治權力安排，實施政權「本土化」。例如，舉行中央民代增額選舉；提拔臺灣本土政治精英進入政府高層，等等。國民黨希冀以提供制度化的政治上昇管道和放鬆對臺灣社會的控制來換取具有地方派系背景的本土政治勢力的支持，充實政權基礎。然而，「本土化」政策非但沒有達到為國民黨鞏固統治地位的目的，反而促使黨外反對勢力迅速成長壯大，各種社會運動競相興起，如消費者運動、反污染自力救濟運動、生態保育運動、婦女運動、原住民運動、勞工運動、農民運動等。蕭新煌曾將這些社會運動概分為四類：一是導因於不滿政府無力處理新興的社會問題；二是對政府特定政策的抗議；三是挑戰黨國體制對社會的控制；四是動員對某些政治禁忌的突破。[註2] 此起彼伏的社會運動對臺灣當局形成巨大的內在壓力。臺灣當局的威權體制

〔註 1〕郭中軍：《臺灣民主轉型中的民粹主義》，復旦大學博士論文，2006 年，第 34 頁。

〔註 2〕蕭新煌：《臺灣客家族群史（政治篇）》（上），臺灣省文獻委員會出版，2001 年，第 325 頁。

在日積月累的內外衝擊下已難以維繫。1987 年 7 月 14 日，蔣經國宣佈解除在臺灣本島、澎湖與其他附屬島嶼實施的戒嚴令，同時廢止戒嚴期間依據《中華民國戒嚴法》制定的 30 項相關法令，至此在臺灣實施達 38 年之久的戒嚴統治宣告結束。戒嚴解除後，許多長期以來一直屬於政治禁忌或敏感性強的議題如雨後春筍般地湧現，而那些在戒嚴時期就已存在的政治與社會運動則以更大的規模展開。故而，我們可以說威權體制的鬆動為臺灣客家運動的興起營造了寬鬆的社會政治環境，而如火如荼的社會運動鼓舞和啓發了客家精英，促使他們挺身而出，為改變客家人的弱勢地位東奔西走、奮鬥不息。

（二）社會經濟騰飛

　　國民黨敗退臺灣後，吸取大陸失敗的教訓，專心經營臺灣，努力發展社會經濟。臺灣當局結合國際環境和臺灣的實際情況，實施積極務實的經濟發展策略，如鼓勵貯備，獎勵投資，調整匯率，創設加工出口區，扶植出口導向性工業等。美國從自身戰略利益出發也對臺灣給予大量援助。例如，從 1950 年到 1965 年，美國給臺灣的經濟援助達 15 億美元。15 年間美國的援助平均約占臺灣投資毛額的 34%。此外，美國的低利貸款、直接投資、技術轉讓與人才支持等對於促進臺灣經濟的發展也起了不容忽視的作用。在內外因素的促動下，臺灣的社會經濟在 20 世紀六七十年代始終保持高速增長，到八十年代已基本實現經濟現代化，成為「亞洲四小龍」之一。為了更為具體而明確地呈現臺灣社會經濟騰飛情形，茲引述下列資料以資說明。

　　臺灣經濟經過 40 年的快速發展，在 80 年代中期已呈現出兩大特點：一是經濟總量大幅提高。1952 年至 1986 年的 35 年間，全臺生產總值從 16.6 億美元增加到 740.8 億美元，增長了 44.63 倍。在亞洲地區，其增長率僅次於日本，人均生產總值從 1952 年的 205.5 美元增加到 1986 年的 3748 美元。1986 年底，臺灣「中央銀行」的外匯儲備超過聯邦德國和美國，達 460 億美元，居世界第二。1987 年，臺灣的出口總值達 535 億美元，已成為世界第 11 大出口地區。1985 年 2 月 27 日，臺灣「經濟部」宣佈臺灣已不屬於「發展中國家」。二是產業結構出現重大變化。1953 年農業生產總值占全臺生產總值的 38.3%，而工業、服務業分別占 17.6% 和 26.8%。1985 年，農業在全臺生產總值中的比重降為 7%，而工業產值的比重則升到 45.2%，工業和服務業就業人數分別升至 41.6% 和 41.1%。〔註 3〕

〔註 3〕鞠海濤：《民進黨社會基礎研究》，九州出版社，2004 年，第 7 頁。

　　臺灣經濟的騰飛促進了社會結構的變遷。因爲工業和服務業的發展不僅使產業結構出現重大轉變，而且使農村人口大規模流向城市，導致城鄉人口比例發生顛覆性變化，城鎮化程度大幅提高。社會經濟的持續高速發展需要高素質的人才作爲保障，故而臺灣當局不得不大力發展教育，民眾接受教育的程度和廣度隨之普遍提高。臺灣民眾素質的提高使他們更易於接受新觀念，維權意識增強，生活訴求逐漸從以往的「求生存」轉變爲「求生活合理化」。而長期以來臺灣當局在發展經濟時所忽視的環保問題、勞資問題、社會權利問題等開始爲民眾所意識，並迅速成爲社會力量抗爭的焦點，間接地帶動各種社會運動的興起。﹝註4﹞客家運動正是因臺灣經濟的騰飛和產業結構的變遷引發客家人大量離開故土，湧入城市，造成客家文化流失嚴重，而在都市區受新思想洗禮過的客家精英有感於客家族群在臺灣社會中日益弱勢與邊緣化所發動的社會抗爭運動。

（三）本土文化復興

　　國民政府遷臺後，爲了消除日本殖民時期「皇民化」政策的影響，強化臺灣民眾對中華民國的認同，大力推行「國語化」，宣揚中國歷史文化和民族主義，壓制本土語言文化的發展，實行文化統合政策。在一元化的文化霸權下，臺灣各個族群的本土文化都因融入大中華文化的論述而逐漸淡化，客家文化自然也不例外。當時臺灣的知識分子也多避免以現實問題或本土文化作爲研究或寫作的素材，深恐被扣上「地域主義」或「分離主義」的帽子。文化界盛行著與臺灣現實社會基本上毫不相干的反共文學、懷鄉文學和小市民趣味文學。

　　1970 年代，基於對中華文化統合性的質疑和臺灣現實社會的思考，臺灣知識分子掀起一股鄉土文學論戰的風潮。他們主張要以自己的本土語言從事寫作，通過文學作品反映臺灣現實社會，藉以突顯對本土的關懷與反省。當時的鄉土文學作家如黃春明、王拓、王禎等的創作多是以臺灣社會的具體生活爲內容，反映臺灣不同社會階層所處的社會情境，具有濃厚的地方色彩。在鄉土文學的引發下，臺灣知識分子在民俗、藝術等領域發起一連串的復興本土文化運動。例如，1973 年《中國時報人間副刊》推出系列臺灣鄉土民俗與社會問題報導，散播對本土的認同與關懷情懷。又如，1973 年林懷民成立

﹝註 4﹞ 曾金玉：《臺灣客家運動之研究（1987～2000）》，臺灣師範大學公民訓育研究
　　　　所博士論文，2000 年，第 72 頁。

「雲門舞集」，以大型舞劇方式詮釋臺灣的鄉土故事，積極將本土藝術呈現給觀眾，引起強烈反響。解除戒嚴後，臺灣的文化復興運動規模更大、範圍更廣、本土意識更強烈。例如，1987 年 2 月成立的「臺灣筆會」，提出尊重臺灣本土歷史文化，反對任何形式的扭曲與篡改，增加各級院校臺灣歷史文化課程，設立臺灣文化藝術研究機構，反對忽視臺灣本土的教育內容等文化改革訴求。再如，1987 年 7 月成立的《臺灣語文協會》甚至提出要重新審定拼音，制定「臺語」文字。〔註5〕臺灣本土文化的復興浪潮喚醒了客家精英對客家鄉土文化的熱情，從而組織和領導了一場旨在拯救和復興客家語言文化的社會運動。

二、客家族群危機意識的反彈

　　客家人雖為臺灣第二大族群，但近代以來因其母語流失嚴重，政治上代言人稀少，經濟力量薄弱，在臺灣社會中始終處於弱勢地位，被謔稱為「隱形人」。客家人所面臨的挑戰與困境，激發了他們的危機意識，促使他們奮起搶救客家語言文化和爭取政治經濟權益。

（一）客語流失

　　長期以來，客家人認為「祖宗言，祖宗聲」是客家族群和其他族群之間最重要的區別所在，也是客家族群自我認同的主要標誌。他們認為如果客家話消失了，客家族群也就滅絕了。因為從外表上看，他們與閩南人同樣都是黃皮膚、黑頭髮，沒有特別的差異，唯獨語言不同。因此，客語是客家文化的精髓，是族群身份認同的最主要標記。〔註6〕然而，近代以來客家語言卻逐漸式微，在公共場合中已難以通行，造成此種狀況的原因有四：

　　其一，日本殖民政府「皇民化」的摧殘。1937 年，日本為了強化對臺灣的統治，使其成為「皇國的真正一環」，以便進一步發動對中國大陸的侵略戰爭，開始在臺灣實施「皇民化運動」。日本殖民政府強制臺灣人生活方式日本化，要求他們改用日式姓名，穿日本和服，住日式房舍，信仰日本天照大神。其中，「皇民化運動」最為核心的內容是在臺灣普及日語。日本殖民政府強制

〔註5〕曾金玉：《臺灣客家運動之研究（1987～2000）》，臺灣師範大學公民訓育研究所博士論文，2000 年，第 73～77 頁。
〔註6〕范振乾：《臺灣客家社會運動初探——從客家發聲運動面相說起》，載《臺灣客家族群史》（社會篇），國史館臺灣文獻館出版，2002 年，第 187 頁。

臺灣人改說日語，不准使用漢語和方言，否則處以罰款。與此同時，禁止報紙開設漢文欄目，廢除漢文課。在日本殖民政府的強力推動下，日語在臺灣的普及率迅速提高，1937 年為 37.8%，1940 年為 51%，1944 年達 71%。「皇民化運動」使臺灣各地方言遭到沉重打壓，客家語言自然也不例外。

其二，國民政府語言政策的影響。臺灣光復初期，國民政府為了在短時間內根絕臺灣人民的「奴化心理」，增強其對中國的認同，同時迅速在臺灣恢復中華文化，採取一系列措施，剛性推行國語教育。例如，成立「臺灣省國語推行委員會」作為專職機構統籌全省的國語推行任務；廢除報紙、雜誌的日文版；禁止用日文寫作；規定各機關、學校及公共場所一律使用國語；限期要求公教人員矯正方音，然後加以測試，淘汰不及格者；把國語能力作為公家機關人事任用最主要考量；規定放映國語片絕對不准加用方言說明，違者予以勒令停業；等等。1970 年代後，臺灣當局遭遇連續的外交失敗，為增強「國內」團結的需要，更為嚴厲地推行說國語運動。例如，加強學校國語教育，規定學校教學以及師生同學交談都應一律使用國語，違者將被罰錢、體罰，甚至用肥皂來洗刷牙齒和嘴巴；規定中央或地方公職人員選舉登記，能說國語為必要條件之一；加強社會國語教學，舉辦鄉村、工廠、山地成人與失學民眾補習教育；改進廣播電視電臺節目，減少外語與方言節目，增加國語節目。〔註7〕在國民黨「獨尊國語」政策的影響下，客語因客家族群人數較少而快速流失，淡出公共場合。

其三，閩南語的強勢。閩南人為臺灣第一大族群，占臺灣總人口的 70%，閩南語自然是民間使用得最為廣泛的日常生活用語。人們在公共場所若不說閩南語就幾乎行不通，閩南語表現得非常強勢。例如，在臺灣頻繁舉辦的各種公職競選活動場合中，除了有些人以「國語」演講外，大多數都用閩南語橫掃全場。甚至在客家人聚居地區舉辦的選舉造勢活動上，閩南人可以大大方方地用閩南語演講，沒有人會抗議，但當客家人用客語演講時卻經常遭到臺下少數閩南人的抗議。〔註8〕在強勢閩南語的擠壓下，客家人在母語使用上產生自卑心理，他們在公共場所不敢講客語，深怕遭人恥笑；很多客家人家

〔註 7〕曾金玉：《臺灣客家運動之研究（1987～2000）》，臺灣師範大學公民訓育研究所博士論文，2000 年，第 79～85 頁。

〔註 8〕張世賢：《臺灣客家運動的起伏與隱憂》，載張維安等主編：《多元族群與客家——臺灣客家運動 20 年》，南天書局，2008 年，第 302 頁。

長認爲客家話無用，要求自己的孩子學習閩南語或國語。如此一來，客語的使用空間大幅萎縮。現如今即使在臺灣北部純粹客家人聚集區的東勢、苗栗、北埔、竹東等鄉鎮，處處可以聽到行人或商家使用閩南語，市場里許多商販明明是客家人卻也用閩南語叫賣。更有甚者，在有些純爲客家人家庭的婚喪喜慶場合，人們上臺說話或致弔唁時多使用閩南語；在客家莊的公墓，初春掃墓時節竟也使用閩南語祭拜。在強勢的閩南語的擠壓下，客語快速流失已不可避免。

其四，社會經濟的變遷。臺灣的客家人主要居住在山區與丘陵地帶。由於環境閉塞，他們較少與外界接觸，所以客家語言文化得以相對完整地保留下來。然而，隨著 20 世紀六七十年代臺灣經濟的騰飛，產業結構發生重大轉變，農業在全臺生產總值的比例大幅下降，工商業比例則快速攀升。在農業生產逐漸式微，農民生活普遍陷入困境的情形下，自古以來一直從事農業生產的客家人不得不離鄉背土，湧向工商業發達的城市謀生。可是，在城市裏閩南人把持著工商業，公共場所流行的是閩南語，這迫使客家人若要在城市就業與生存就必須學習閩南語。久而久之，客家人必然會對自己的母語感到生疏。況且，即使到城市謀生的第一代客家人尚能夠說客家母語，還有一定程度的客家文化氣息，對客家有相當程度的族群認同情感的話。那麼他們的子女則因幾乎完全離開自己族群母體，毫無接觸和認識客家語言文化的機會，對客家族群很難有任何感情可言。〔註9〕可以說，臺灣社會經濟的變遷加速了客語的流失，而客語的流失增加了客家人的危機意識。

（二）政治邊緣化

雖然客家人一直占臺灣總人口的 15% 左右，但他們在政治上的代言人卻與其人口比例極不相稱，完全處於邊緣化地位。以第六屆立法院的情況爲例，在 225 席的立法委員中，按照客家人的人口比例，合乎情理的客籍立委人數約爲 33 人，但實際卻只有 16 人，與原住民立委人數相差無幾。〔註10〕除了立法院外，客家人在「國代」、省議員、市議員，以及「五院正副院長」、「行政院八部二會」等部門的席次均與其人口比例相差甚遠。客家人在政治上的

〔註 9〕范振乾：《臺灣客家社會運動初探——從客家發聲運動面相說起》，載《臺灣客家族群史》（社會篇），國史館臺灣文獻館出版，2002 年，第 182 頁。

〔註10〕張世賢：《臺灣客家運動的起伏與隱憂》，載張維安等主編：《多元族群與客家——臺灣客家運動 20 年》，南天書局，2008 年，第 306 頁。

邊緣化也可從臺灣公職選舉候選人發表的政見中窺見一斑。楊鏡汀經過對
2001 年臺灣縣市長選舉公報的調查統計，發現客籍候選人在公報上提到客家
兩字的只有 25%；同年的立法委員選舉，在 35 位客籍候選人中有 10 位提出
客家政見，占 28.5%而已，而五個主要政黨提出不分區與僑選立委推薦名單
中，閩南人有 34 名，外省人有 10 名，連原住民都有 3 名，而客家人只有 2
名。〔註 11〕客家人在政治上的邊緣化難免使他們感覺到自己在臺灣社會中沒
有發言權，生發出強烈的危機意識，並試圖通過抗爭運動來改變這種不利局
面。

三、閩客情結的促動

（一）閩客的歷史積怨

臺灣的閩南人與客家人都是清朝時期從大陸閩粵兩省沿海地帶遷移來
的。渡臺後他們為了生存、發展和防禦原住民的襲擊，一般以祖籍或方言為
認同基礎，按照地緣分類聚居。這種情形就像姚瑩在《答李信齋論臺灣治事
書》中所說的那樣：「臺灣之民，不以族分，而以府為氣類；漳人黨漳，泉人
黨泉，粵人黨粵」。閩南人與客家人又多來自械鬥盛行的閩南、粵東，他們很
自然地習染故鄉爭勇鬥狠的風氣，加上當時臺灣特有的政治、經濟及社會環
境的影響，閩粵移民又有氣質、個性、語言、習俗上的差異，初為墾田、界
限、水利等利益相爭，始則口角、繼而動武，終至釀成大規模的分類械鬥。
周凱曾對清代臺灣社會的分類械鬥情況有如此描述：「臺灣一郡，四縣、五廳，
其地在東海中，西向迤而長，南盡鳳山，北盡淡水。新闢噶瑪蘭，由北而東，
處臺灣之背。澎湖一廳，又孤懸不相屬，處臺廈之中。控臺灣者，莫廈門若
也。其民閩之泉、漳二郡，粵之近海者往焉。閩人占瀕海平曠地，粵人居近
山，誘得番人地辟之，故粵富而狡，閩強而悍。其村落，閩曰閩莊，粵曰粵
莊，閩呼粵人為客。分氣類，積不能。動輒聚眾持械鬥，平居亦有閩粵錯處
者，鬥則各依其類。閩粵鬥則泉、漳合，泉、漳鬥則粵伺勝敗，以乘其後，
民情浮而易動」。〔註12〕

〔註11〕張世賢：《臺灣客家運動的起伏與隱憂》，載張維安等主編：《多元族群與客家
——臺灣客家運動 20 年》，南天書局，2008 年，第 305 頁。

〔註12〕周凱：《內自訟齋文選》，「記臺灣張丙之亂」，臺灣文獻叢刊第 82 種，臺灣銀
行經濟研究室，1960 年。

　　每當分類械鬥發生時，短則數日，長則達數月之久，造成巨大的人員傷亡和財產損失。例如，道光九年（1829 年）臺邑恩貢生林師聖對屏東平原閩南人與客家人周而復始，相欺相殘的分類械鬥有如是觀察：「康熙六十年，朱一貴之亂，有僞封國公杜君英者，粵之潮洲人也。其旗賊眾最雄，閩之賊俱忿恨之。於是，合眾攻君英。諺有云：十八國公滅杜是也。殺人盈城，屍首塡塞街路，福安街下流水盡赤。君英敗死，粵籍奔竄南路，合眾藏匿一莊，曰『蠻蠻』。聞大兵至，起義旗，協攻閩賊有功。蒙賞頂戴累累，遂構聖恩亭於莊中。此閩粵分類之所由始也。嗣後地方安靖，閩每欺粵，凡渡船、旅舍、中途多方搜索錢文。粵人積恨難忘，逢叛亂，粵合鄰莊聚類蓄糧，聞警即籍義出莊，擾亂閩之街市、村莊，焚搶擄掠閩人妻女及耕牛、農具、衣服、錢銀無算，擁爲己有，仇怨益深。吳福生反時，閩受粵之報復已慘，至黃教之亂，荼毒閩人尤甚。……林爽文反，南路粵人蹂躪莊市尤甚。賊首莊大田、莊錫舍等，合眾力攻粵莊不得入，閩人被粵人擒殺極多。父母凍餓，兄弟妻子離散，不計其數。」〔註13〕

　　清代臺灣的閩客械鬥不僅數量眾多，而且甚爲慘烈，往往使衝突雙方的人民流離失所，屍橫遍野，滿目瘡痍，情形至爲凄慘。儘管後來在頻繁的社會經濟交往中，客家人與閩南人之間高築的樊籬逐漸被打破，但雙方卻一直心存介蒂，在現實生活中容易重新喚醒對立意識，在政治、經濟、社會地位等方面進行對抗。

（二）閩南人的霸道

　　1970 年代以來，隨著國民黨威權體制的鬆動，臺灣的「民主化」與「本土化」運動風起雲湧。在如火如荼的反對國民黨政權的各種社會運動中，作爲主導力量的閩南人往往不顧客家人與原住民的感受，儼然以臺灣的「主人」自居，顯得非常霸道。他們有意無意稱自己爲「臺灣人」，閩南語爲「臺語」，狹隘地把閩南文化等同於臺灣文化。在臺灣舉辦的各種公職選舉造勢活動中，候選人通常只用閩南語演講，全然不管其他族群的人是否聽得懂。當然，若有人用客語演講，臺下立即就會有人抗議高喊「聽沒啦！講臺語啦」。〔註14〕

〔註13〕陳國瑛等：《臺灣採訪冊》，「紀事」，臺灣文獻叢刊第 55 種，臺灣銀行經濟研究室，1959 年。

〔註14〕張世賢：《臺灣客家運動的起伏與隱憂》，載張維安等主編：《多元族群與客家——臺灣客家運動 20 年》，南天書局，2008 年，第 302 頁。

尤其令客家人憤懣不已的是閩南人對客家義民信仰的抨擊。在臺灣的客家人心目中，他們的祖先因在清代協助清軍平定閩南人的「叛亂」而被清廷頒賜為「義民」是一段引以為自豪的歷史，也是他們訴求族群平等資格的一種重要資本，更是客家人的一種文化特質和象徵符號。然而，閩南人卻總是以「義民乎？不義之民乎？」來質疑，甚至嘲諷他們協助清軍的舉動。現實中閩南人對客家語言文化和客家人社會權益的漠視，加上歷史積怨的刺激，客家人深感有必要行動起來維持自身的權益。

四、客家社團的推動

客家社團早在清朝時期就在臺灣出現，如具有準軍事性民防組織的六堆便是清代最大的客家社團。臺灣光復後，因保障和爭取各種利益的需要，客家社團如雨後春筍般地紛紛成立。據粗略統計，迄今為止臺灣較有影響的客家社團在臺北市有 66 個、臺北縣有 25 個、桃園縣有 24 個、新竹縣有 28 個、苗栗縣有 14 個、高雄市有 14 個、屏東縣有 24 個，外加其他各縣市數目不等，總計有 200 多個。〔註 15〕這些客家社團在客家運動興起後競相介入。例如，1995 年成立的「臺中縣大屯客家協會」秉承「善用鄉親社會資源，從事有益的社會活動，並發揚客家文化，改善社會風俗」的宗旨，舉辦客家文化夏令營，輔導成立「文秀傳播」製播客家節目等活動。1996 年成立的「桃園縣客家公共事務協會」本著「結合桃園地區客家人，爭取客家權益，延續客家文化語言，並聯合各語系族群共同努力推展公共事務」的宗旨，先後舉辦桃園縣客家母語說故事比賽、第二屆臺灣客家文化營、桃園縣幼稚園客家母語種子教師研習、幼稚園客家母語種教師成果發表會等活動。「世界客屬總會」舉辦世界客屬懇情大會，理事長與理監事等人赴總統府陳述客家人的心聲，爭取客語電視節目播出及中小學實施客語教學，迫使政府不得不在三家無線電視臺播報客語新聞〔註 16〕，等等。這些客家社團為了喚起更多客家人的「危機意識」，四處奔走疾呼動員客家人為挽救自己的語言文化而共同努力。他們極力促進客家文化的研究與交流，推廣母語，提高社團的社會整合功能，為客家運動的興起與發展起了推波助瀾的作用。〔註 17〕

〔註 15〕《臺灣客家族群史（總論）》，臺灣文獻館，2004 年，第 49 頁。
〔註 16〕彭欽清：《臺灣客家社團之發展》，載《臺灣客家族群史——社會篇》，國史館臺灣文獻館出版，2002 年，第 139 頁。
〔註 17〕劉大可：《論臺灣的「客家運動」》，《臺灣研究》2007 年第 6 期。

第二節　臺灣客家運動的歷程

　　臺灣客家運動肇始於《客家風雲》雜誌的創辦，歷經「還我母語」大遊行，組建「臺灣客家公共事務協會」，開展客家文化巡迴講演，籌設「寶島客家廣播電臺」與「客家電視臺」等組織化活動。2000 年後，隨著臺灣的政黨輪替，客家運動逐漸歸於沉寂。

一、運動發軔：《客家風雲》與「還我母語」大遊行

　　1987 年 6 月的一天，臺灣大學的邱榮舉與林一雄、胡鴻仁、陳文和、魏廷昱、鍾春蘭、戴興明、黃安滄、梁景峰等九人茶敘時，有感於客家語言文化流失嚴重，客家人在臺灣社會中「隱而不顯」，決議創辦一份雜誌來介紹客家文化，喚醒客家族群意識。1987 年 12 月 25 日《客家風雲》正式誕生。雜誌名稱中的「風雲」兩字有著深刻意涵：它一方面應和當時臺灣社會風起雲湧的時代氣氛，另一方面表示客家人決意大聲講話，創造風雲的氣勢。〔註 18〕

　　《客家風雲》在發刊詞中說：「目前臺灣客家人口四百萬人，無疑是臺灣邁向多元、開放與民主社會極其重要的一環；然而，客家人並沒有獲得政治、經濟、社會和文化上應有的地位和尊嚴」。因此雜誌要站在「客家人的人文主義」基礎上，「提升客家人的族群意識」、「促進客家人的內聚力」、「團結客家人的力量」、「爭取客家人的共同利益」。發刊詞同時指出「最近我們深刻警覺到大家從小講的客家話已日漸消失，幾年之後將被淘汰，客家文化也將隨之消失，客家人終將逐漸瓦解。我們今天若不警覺，不團結合作，努力奮鬥，那麼我們將愧對客家祖先，也無法對後代子孫有所交代。」《客家風雲》意欲圍繞著「客家族群在臺灣的定位與地位」和「客家語言在臺灣的地位與危機」兩大主題來發揮輿論公器的作用，而就雜誌的內容以及雜誌社舉辦的各種社會活動來看也確實如此。例如，《客家風雲》專門設立「文化網」欄目，以介紹客家歷史文化；設立專訪客家名人的「封面故事」欄目，以提升客家人的自豪感與族群意識。除了出版發行《客家風雲》外，雜誌社還經常利用出刊之際在臺北市舉辦以客家為主題的夏令營，用演講、參觀、比賽等形式介紹

〔註 18〕梁景峰：《風雲 1987：客家風雲雜誌創刊的時代背景和藍圖》，載張維安等主編：《多元族群與客家——臺灣客家運動 20 年》，臺灣客家研究學會出版，2008 年，第 338 頁。

客家人的奮鬥史，客家人與臺灣文學、客家古籍、客家語言等。〔註19〕

　　儘管在《客家風雲》雜誌的鼓吹和激勵下，客家語言文化開始引起社會關注，客家人的族群意識也在一定程度上重新凝聚。然而，雜誌社畢竟勢單力薄，僅靠其單槍匹馬行動難以形成足以迫使當局改變現行政策的聲勢。於是，《客家風雲》雜誌聯合其他客籍人士成立「客家權益促進會」，並借著1988年11月19日雜誌創辦一週年與「六堆旅北同鄉會」共同舉辦「六堆客家之夜」盛會之際宣佈：為爭取語言權益，「客家權益促進會」準備發動客家鄉親走上街頭，舉行「還我母語」大遊行。1988年12月28日下午一點，來自全臺各地客家團體的遊行代表如期在臺北市國父紀念館前集合。這些團體包括臺北市中原客家崇正會、臺北市客家計程車司機聯誼會、臺北縣板橋土城區客屬會、世客三重、新莊、盧州、五股泰山聯合協會、基隆市客家同鄉會、臺北縣中原客屬協會、桃園客家代表、新竹縣農民代表、新竹縣客家代表、新竹縣客家文化研究會、苗栗縣客家民俗文物推廣聯誼會、苗栗縣頭份鎮長青學苑、臺東縣東勢客家代表、彰化縣客家代表、世客高雄分會、六堆客家權益促進會、臺灣基督教長老會客家宣教委員會、客家學者教授團、客家風雲雜誌社、世界客屬文教基金會、醫院團體代表、客家大專青年代表、復興客家文化團結會、臺北市高雄縣旅北同鄉會、新竹縣林姓宗親會、高雄縣客家民謠研究會、北區政治受難者基金會、中國統一聯盟、夏潮聯誼會、勞工運動支持會、中國先驅雜誌社、臺灣文化促進會、進步婦女聯盟、原住民權利促進會、人間雜誌、臺灣史研究會、龍山聯誼會、環保聯盟、臺灣地區政治受難人互助會等。遊行隊伍手舉嘴巴被貼上膠布的孫中山遺像，象徵同為客家人的孫中山，雖貴為國民黨的創始人、中華民國的國父，但如果他今日依然健在的話，也會被他所創建的政黨嚴格禁止在公共領域中使用自己的母語。「還我母語」大遊行提出三大訴求：全面開放客家廣播、電視節目；實行雙語教育，建立平等的語言政策；修改廣電法第二十條對方言的限制條款為保障條款。遊行隊伍依次來到立法院、行政院、國民黨中央黨部前抗議示威，並遞送了請願書。〔註20〕

〔註19〕　曾金玉：《臺灣客家運動之研究（1987～2000）》，臺灣師範大學公民訓育研究所博士論文，2000年，第104頁。

〔註20〕　范振乾：《臺灣客家社會運動初探——從客家發聲運動面相說起》，載《臺灣客家族群史》（社會篇），國史館臺灣文獻館出版，2002年，第203～205頁。

「還我母語」大遊行是客家人自臺灣光復後首次作為社會運動的主體走上街頭，向國民黨政府發出抗議之聲。雖然遊行示威迫使當局開始在臺灣的臺視、中視、華視三家無線電視臺增闢了客語新聞節目，但總體而言並未達到預期的訴求目標。這是因為遊行隊伍是臨時拼湊而成，各個團體與黨派之間理念存在差異，卻並沒有經過精心的溝通和整合。尤為甚者，有些參與遊行的人只是為了獲取個人政治籌碼，對遊行的訴求並非真正感興趣。「還我母語」大遊行所具有的這些先天不足注定其必然會很快分崩離析，後繼乏力。《客家風雲》雜誌社方面，原創人員因內部紛爭而相繼退出，加之財經拮据，面臨停刊困境。不久，幾個在高等院校任教的學者接手了雜誌，易其名為《客家》，並將內容改變為以研究客家傳統文化、民俗和歷史為主。

二、理念闡發：「臺灣客家公共事務協會」與「新個客家人」

如果說《客家風雲》的創辦是臺灣客家運動的起點，那麼「臺灣客家公共事務協會」（簡稱「臺灣客協」）的成立則是客家運動走向組織化和制度化的標誌。「還我母語」大遊行後，客家精英鑒於客家運動理念不清、隊伍龐雜，難以適應當時業已形成氣候的臺灣「民主運動」，決定籌組一個理念清新、革新立場明確的客家組織。1990 年 12 月 1 日，在客家大佬鍾肇政的組織下，「臺灣客家公共事務協會」正式成立。在成立大會上，鍾肇政提出了「新個客家人」理念：「史冊上曾經輝煌光耀的我們客族，曾幾何時成了弱勢的族群，或曰『隱藏的一族』，或曰『冷漠退縮』，譏誚詆毀，無所不至。而目睹客家語言瀕臨消失，客族尊嚴之幾近潰散，能不懍懍於懷而瞿然心驚？新的客家人之出現，此其時矣！我們雖未敢以此自許，然而我們卻不願徒然陶醉於過去創造歷史的萬丈光芒中，更不願自滿於以往英才輩出並引領風騷。我們深信不疑者，厥為客家潛力至今猶存。在此世局詭譎、社會擾攘，新的人文景觀亟待建立之際，我們願意為尋回我們的尊嚴、再創我們的光輝而努力，更願意與其他族群，不論福佬、各省抑原住民各族攜手同心，為我們大家的光明未來而戮力以赴。」

「臺灣客協」成立後秉承「結合國內外客家人，爭取客家權益，延續客家文化、語言、推展公共事務，並與各語系族群共同為臺灣前途而努力」的宗旨，開展了一系列關於客家語言文化的搶救與研究、「新個客家人」理念的闡釋和散佈，以及協助持相同政見者競選公職等活動。

（一）闡揚「新個客家人」理念

為了闡釋和散佈「新個客家人」理念，「臺灣客協」一方面在報紙開闢專欄，一方面舉辦客家文化講座和下鄉巡迴演講。自 1991 年 6 月 26 日至 1993 年 3 月 28 日，「臺灣客協」在自由時報副刊開闢《客家人月報》專欄，由會長鍾肇政執筆，幾乎每月一篇，從不同角度向臺灣社會闡述「新個客家人」理念。鍾肇政總共寫了 21 篇，內容包括介紹客家文化夏令營活動、讚頌客家運動精英、寄語客家青年、「客協」週年慶感言等。〔註21〕自 1991 年 5 月 18 日至 1993 年 9 月 25 日，「臺灣客協」在客家人聚居的竹東、新埔、關西、東勢、頭份等地舉辦了 15 場巡迴演講。其中，前七場的題目分別是「客家電視節目的檢討與展望」、「客家人在臺灣的政治前途」、「政治、經濟、語言、文化座談」、「客家人的政經展望」、「客家公共政策」、「客家人的現在與未來、現代婚姻漫談」、「談客家詩、桃園縣古跡的探討與地名的由來、客家山歌簡介」；後八場題目都是「新個客家人」。顯而易見，散佈「新個客家人」理念是巡迴演講的重中之重。1993 年和 1994 年「臺灣客協」在臺北市濟南路的臺大校友會館連續舉辦兩個系列的文化講座。1993 年是以「臺灣客語」為主題，每兩周舉辦一場，前後共六場，分別是「認識四縣客家話」、「認識海陸客家話」、「客語古典之美」、「客家臺語文學」、「客家歌謠的語言藝術」和「客家語言文化面面觀」。1994 年講座的主題是「臺灣族群問題」，亦舉辦了六場，分別是「臺灣客家文化與政治對話」、「客家歌謠的傳統與現代」、「臺灣社會與文化」、「客家臺北開拓史」、「臺灣客家人的企業觀」和「客家人在臺灣」。〔註22〕

〔註21〕鍾肇政在《客家人月報》上發表的 21 篇文章分別是 1.邁向光明未來 2.客家運動：從根救起 3.今夏我們熱鬧滾滾——記客家文化夏令營及其他 4.從亞洲孤兒到國際孤兒——九八大遊行的所思所想 5.起來吧，青年學子們——期待各大學成立客家研究社團 6.客家運動邁向高峰——「賀北美客協」成立 7.第二年的衝刺——「客協」週年慶感言 8.挺立的客家人——客協邁向第二年 9.望春樓——從鄧雨賢作品演唱會說起 10.了不起的第一步——記梅竹「臺語」辯論賽 12.母語運動的先知先覺——悼吾鄉鄉賢翁廷俊博士 13.客家青年運動的啟動 14.鄧雨賢音樂會之後及其他 15.略談今夏兩個營隊——並向花蓮鄉親們致意 16.寄望於青年學子們 17.街頭的奇遇 18.發揮硬頸本色——臺灣客協二週年慶獻詞 19.邁向族群融合之道——從黃昭堂博士歸來說起 20.溫馨的聚會——記全美客家懇親大會及其他 21.追求族群的尊嚴及平等——從本會致第二屆立委的信說起。

〔註22〕范振乾：《臺灣客家社會運動初探——從客家發聲運動面相說起》，載《臺灣客家族群史》（社會篇），國史館臺灣文獻館出版，2002 年，第 223～232 頁。

（二）協助成立客家研究社團

「臺灣客協」成立之初就將鼓勵和協助大專院校組建客家研究社團作為重點工作之一，希冀藉此既推動客家研究，又使客家運動後繼有人，免於斷層。「臺灣客協」特設大專客家社團組，專門負責協助各個大專院校籌建客家研究社團。最先成立的客家研究社團是臺灣大學客家研究社（1991 年 3 月），此後，清華大學、文化大學、師範大學、逢甲大學、淡江大學、政治大學等亦陸續成立客家社。〔註 23〕客家社團的學生除了在校園內進行客家語言文化研究外，還在校外參與客家事務，如客語教學、客語廣播製作、田野調查等。客家社團極大地促進了客家青年學子研究客家文化的興趣，喚醒了他們的族群意識，為客家學研究和客家運動培養和集結了新生力量。〔註 24〕

（三）參與政治選舉活動

「臺灣客協」為了使客家人擺脫「隱藏、冷漠、畏縮」，對政治漠不關心的族群圖像，成立後便積極參與政治選舉活動。1993 年 10 月 22 日，「臺灣客協」成立「新客家助選團」，表示只要候選人認同「加速促進臺灣民主化、現代化，促進臺灣各語族平等和諧、互助共榮」的原則，便不分黨派與族群地無條件為他們助選。例如，針對 1993 年底臺灣的縣市長選舉，「新客家助選團」於同年 11 月 2 日至 8 日舉辦了 13 場助選活動，其中三場還舉行「客家之夜」表演活動，以壯聲勢。助選團助講的候選人包括：臺北市板橋市的尤清、基隆市的王拓、臺中市的林俊義、臺中縣豐原市的楊嘉猷、宜蘭縣宜蘭市的游錫堃、花蓮縣花蓮市的陳永興、臺北縣中和市的尤清、臺北縣新店市的尤清、屏東縣內埔鄉的蘇貞昌、高雄縣美濃鎮的余政憲、新竹縣關西鎮的吳秋谷、新竹縣竹北市的范振宗。接受助選的候選人以在野者為主，助講大多採用客家話，地點則選擇在各縣市客家人聚居的地方。〔註 25〕不容否認，「新客家助選團」在為候選人助選時往往也要求他們接受客協提出的政見，並承諾在當選後將其付諸實施。例如，1994 年民進黨立委陳水扁競選臺北市長時，「臺灣客協」在助選時要求他承諾當選後：（1）設立臺北市客家文化會館與客家

〔註 23〕范振乾：《臺灣客家社會運動初探——從客家發聲運動面相說起》，載《臺灣客家族群史》（社會篇），國史館臺灣文獻館出版，2002 年，第 223 頁。

〔註 24〕曾金玉：《臺灣客家運動之研究（1987～2000）》，臺灣師範大學公民訓育研究所博士論文，2000 年，第 111 頁。

〔註 25〕范振乾：《臺灣客家社會運動初探——從客家發聲運動面相說起》，載《臺灣客家族群史》（社會篇），國史館臺灣文獻館出版，2002 年，第 236 頁。

藝文活動中心；（2）每年舉辦客家文化節；（3）撥款三千萬元成立臺北市客家文化基金會；（4）編輯臺北市客家發展史；（5）編輯出版國小客語教材；（6）捷運播音服務加播客語；（7）中正、大安、文山、信義等區公所及戶政事務加播客語語音服務。﹝註26﹞結果在「臺灣客協」的全力支持下，陳水扁如願以償地戰勝了新黨的趙少康，贏得了臺北市長選舉。當然，陳水扁就職後，為了籠絡客家人確實兌現了部分承諾。

後來，「新客家助選團」為了突出宣揚「臺灣客協」的理念，提出了「客家說貼」，要求接受助選的人必須採納說貼的觀點。「客家說貼」的內容包括：（1）徹底革除貪污腐敗，枉法徇私之貪官污吏及特權，建立自由、民主、法治、廉能之大有為政府；（2）訂定經濟、社會、教育等資源合理分配之政策，制訂各種民生法案，照顧全民之福利，對於弱勢族群之權益尤應特別立法以保障之；（3）司法獨立、軍警國家化、行政中立化；（4）在臺灣省政府及北、高兩市政府設立客家事務委員會，負責處理客家事務；（5）立法規定國中、小學全面實施母語教學，各種母語師資之培訓、教材及客語辭典之編撰應由政府負責；（6）規定北京話、閩南話、客家話及原住民話等四種方言為官方語言，於開會時任意擇用，並設同步翻譯；（7）廣電法應增列弱勢族群母語保障條款，依族群比率分配各種電子媒體頻道；（8）桃、竹、苗、臺中、高雄、屏東、花蓮、宜蘭、臺東、及北、高兩市應各核准至少一個客語廣播電臺專用頻道；（9）依族群人口比率任用政務、主管人員；（10）規定車站、車廂、航站等公共場所要有客語播音；（11）編列專款擇客家縣份設立完備之客家文化村，於北、高兩市各設一家客家文化館；（12）國立戲劇院校應設客家戲劇系；（13）編修臺灣客家族群史。﹝註27﹞

客家運動在「臺灣客協」成立後逐步脫離了早先渙散、孤立的行動方式，開始以組織化的方式集結、動員，從過去的沉默、被動，轉變為積極、主動。「新個客家人」理念的闡揚喚醒了客家人的族群意識，推動了客家語言文化的傳習。大專院校客家研究社團的創立為客家運動培養了新生力量。「新客家助選團」的助選是客家人參與政治活動的重要表現，標誌著客家人開始擺脫「隱形」狀態，在臺灣公共事務上正發揮著越來越大的作用和影響力。

﹝註26﹞ 張世賢：《臺灣客家運動的起伏與隱憂》，載張維安等主編：《多元族群與客家——臺灣客家運動20年》，南天書局，2008年，第309頁。

﹝註27﹞ 曾金玉：《臺灣客家運動之研究（1987～2000）》，臺灣師範大學公民訓育研究所博士論文，2000年，第113～114頁。

三、尋求發聲：「寶島客家廣播電臺」與「客家電視臺」

「還我母語」大遊行後，臺灣當局迫於壓力，同時為了爭取國民代表大會選舉中的客家選票，製作了名為《鄉親鄉情》的客語節目，由臺視每個周日播出 30 分鐘。此外，臺視、中視、華視等三家無線電視臺，從周一到周五，每天上午十點半起各有 15 分鐘的客語新聞。然而，這些客語節目不僅播放時間短，而且內容脫離客家人的現實生活，根本不能滿足他們要求發聲的訴求。

1992 年，地下電臺如雨後春筍般地在臺灣各地出現，蔚然成風。臺大的梁榮茂教授乃於 1994 年 3 月 27 日召開的「臺灣客協」第二屆八次理監事聯席會上提議運用現代科技，籌設為客家發聲的傳播媒介，以擴大運動能量，獲得一致通過。同年 7 月 31 日的第二屆十次理監事聯席會議中，由陳貴賢就前次會議結果提出「臺灣客家廣播電臺籌備案」加以討論，決定擇期正式成立客語專屬電臺。9 月 18 日，「寶島客家廣播電臺」正式在臺北市羅斯福路二段 91 號 17 樓之 2 設立，開始試播。這是全世界第一家客語專業電臺，設臺的宗旨是「延續客家母語，發揚客家文化，促進族群和諧，參與臺灣建設。」客語是主要的節目語言，不僅用客語介紹新知，評論時事，而且大量播放傳統客家戲曲歌謠。如老山歌、山歌仔、平板、採茶戲、八音、北管大麴等。此外也用客語說書、講專仔。電臺還開放山歌的卡拉 OK 和教唱節目。每天在固定時段安排各種腔調的客語教學節目。〔註28〕

客家電臺有四個特點：其一，電臺自尋播音頻道，因為新聞局沒有批准設臺許可，未分配頻道；其二，電臺設備和經費都是自籌，主持人皆義務勞動；其三，所有節目都是文化性和教育性，絕無商業廣告；其四，以客語全天候播音。〔註29〕

客家電臺試播後雖依規定向新聞局、交通部申請籌設許可，但一再被駁回，並被抄臺。1994 年 12 月 30 日，客家人集體至「立法院」請願，抗議「新聞局」打壓客家電臺。請願代表要求立法與行政部門檢討「獨尊國語」的教育政策，合理分配廣電資源，廣電法須保障弱勢族群的權益。1995 年 1 月，再次遭「新聞局」抄臺後，電臺便發動群眾赴「立法院」抗議「政府」藐視

〔註28〕范振乾：《臺灣客家社會運動初探——從客家發聲運動面相說起》，載《臺灣客家族群史》（社會篇），國史館臺灣文獻館出版，2002 年，第 207 頁。

〔註29〕曾金玉：《臺灣客家運動之研究（1987～2000）》，臺灣師範大學公民訓育研究所博士論文，2000 年，第 119 頁。

客家人。5 月 20 日，電臺參加「520 黨政軍退出三臺，媒體全面改造大遊行。」「寶島客家電臺」的旗幟出現在遊行隊伍中，要求客家人有權合理地在臺灣的天空用母語發聲廣播。旅居海外的客家精英，如劉永斌、陳國雄、朱眞一等也一再組團專程返臺當面向臺灣當局領導人要求開放客語頻道。就這樣經過無數次的努力，客家電臺終於在 1996 年初獲得「新聞局」核准設臺，取得使用執照，在臺北市羅斯福路二段原址正式開播。

　　2000 年，民進黨總統候選人陳水扁競選時爲了爭取客家人選票，承諾當選後會設置中央級的客家委員會，並催生客家電視臺。2001 年 6 月 14 日，行政院正式成立「客家委員會」，統籌辦理全臺客家相關事務，施政重點包括：建立客家語言復蘇機制，活化客家語言；推動客家文化研究，闡揚客家文化；舉辦客家政策研討會，凝聚族群共識；傳承客家優良技藝，擴大文化分享；規劃建置客家文化園區，充實文化內涵；規劃客家文化休閒產業，達成資源共享。〔註 30〕「客家委員會」成立後即積極著手籌備設置客家電視臺。在 2002 年末的立法院會議上，客家委員會提交了一份關於設置客家電視臺的書面籌備報告。在這份長達 36 頁的報告中羅列了「客家語言文化傳承的危機」、「客家人口迅速消失的困境」、「設立專屬電視頻道的必要及效益」、「委外辦理及節目製作的原則」等項說明，亦針對電視頻道所要達成的目標、會內組織編制的配合、重要工作辦理期程、各項配套措施、所需概算經費、頻道經營方式、節目規劃內容、節目主要架構及其來源等做了較爲充分的說明。〔註 31〕2003 年 7 月 1 日，客家電視臺正式開播，節目包括新聞、戲劇、綜藝、客家民俗藝術等。這是唯一專屬客家，全程使用客語發音的電視頻道。客家電視臺本著「行銷客家族群文化之價值，呵護客家語言永續之流傳，維護客家媒體近用之權益，拓展國際族群文化之交流」的歷史使命，透過精心製作各種節目，讓所有客家及非客家觀眾都能瞭解與欣賞客家語言文化，進而尊重和傳承客家語言文化。

〔註 30〕　劉惠玲：《臺灣客家文化運動與族群建構之研究》，東吳大學社會學系碩士論文，2005 年，第 27 頁。

〔註 31〕　張世賢：《臺灣客家運動的起伏與隱憂》，載張維安等主編：《多元族群與客家——臺灣客家運動 20 年》，南天書局，2008 年，第 315 頁。

四、步入沉寂：臺灣客家運動的現狀

2000 年，民進黨戰勝國民黨，取得執政地位。隨著臺灣的政黨輪替，客家運動逐漸歸於沉寂，主要表現在兩個方面：其一，客家社團與精英參加社會運動的熱情開始消退，集體性的抗爭活動基本消失。其二，客家雜誌、臺灣客協、寶島客家廣播電臺與客家電視臺等或因內部紛爭、或因政治立場、或因經營不善而問題繁多，在推展客家語言文化、提升客家意識上的影響力日益下降。

筆者認為，造成客家運動消沉的原因大概有以下幾點：其一，客家運動有強烈的民進黨傾向，向來以國民黨為鬥爭對象，國民黨的下臺使客家運動失去了抗爭目標。其二，隨著寶島客家廣播電臺、客家電視臺，以及各種客家研究社團的成立，客家運動搶救和復興客家語言文化的訴求已在一定程度上得以實現。其三，客家運動以客家精英為主要推手，運動的地點集中在都市區，嚴重缺乏群眾基礎和縱深度，致使其難以持久。其四，客家運動的組織者和領導者理念分歧，內訌不斷，既消耗了內部資源，又損壞了運動的形象，消弱了運動的影響力。其五，「行政院客家委員會」的設立使客家問題有了專門的處理和保障機構，集會式的街頭抗爭顯然已失去必要性和合法性。

第三節　臺灣客家運動評析

臺灣客家運動的興起具有特殊的社會政治背景。1970 年代後，臺灣社會彌漫著一股濃厚的反對國民黨威權統治的風氣。客家精英受到當時此起彼伏的社會運動浪潮的影響，亦希冀通過社會抗爭運動來搶救和復興業已流失甚為嚴重的客家語言文化，進而改變客家人在臺灣社會中的弱勢與隱形狀況。然而，客家精英人數少，力量弱，僅靠他們自身難以迫使臺灣當局改變現行政策。所以，客家精英在推展客家運動過程中特別注重與其他社會運動力量的合作與互助。事實上，在「還我母語」大遊行、籌設寶島客家電臺與客家電視臺等事件中，黨外反對勢力的奧援對於抗爭訴求的實現起了不容忽視的作用。2000 年，國民黨因內部分裂而導致選舉失敗，民進黨意外上臺。臺灣政局的巨變使得1970 年代以來相繼興起的各種社會運動紛紛開始步入沉寂。這是因為在民進黨取得政權之前，臺灣的各種社會運動無論其訴求目標如何，抗爭的對象基本上都是國民黨政府，而黨外反對勢力卻總是如影形隨地在幕後充當推手。國民黨的下臺使得社會運動的鬥爭對象頓然消失，而民進黨以及其他反國民黨勢力對

社會運動的支持也隨之不復存在，所以包括客家運動在內的各種社會運動逐漸沉寂乃大勢所趨。此外，在政黨政治中當國民黨與民進黨勢均力敵，雙方在競選中都無勝算把握時，客家選票往往成爲影響選舉結果的關鍵少數。此時無論國民黨還是民進黨都會刻意拉攏客家人，主動在競選中提出有利於客家人的施政綱領，並在執政時努力去實踐。例如，2012 年，馬英九在爭取「總統」連任時，爲了吸引客家選票，針對客家社會與文化問題提出八項主張：（一）成立客家發展基金會，用民間與「政府」的資金一起推動客家事務，特別是客家語言與文化的發展。（二）建立客家話認證制度，2011 年中學與小學通過客家話認證的人數增加百倍，剩下來要推動小學以下的小朋友的認證，希望用一百句客家話作爲認證的目標。（三）推行客家文化創意特色產業，成立全球通路。（四）扶助客家文化的創意活動，提升成爲國際活動。（五）輔導客家年輕人創業，成爲客家文化創意特色產業發展最重要的帶頭力量。（六）培養客家領導人才，擴大舉辦客家青年領袖教育課程。（七）擴大客家社群力量，用多元方式幫助當局推動客家事務。（八）推動臺灣地區成爲世界客家新天地。民進黨的「總統」候選人蔡英文則標榜自己是客家後裔，打出「客家妹當總統」的口號，強調要用「勤儉刻苦」、「堅忍團結」及「硬頸」的客家精神帶領臺灣前進，批評馬英九沒有兌現 2008 年競選時的承諾，應向人民道歉。國民黨威權統治崩潰後確立的政黨競爭體制使客家問題已無須再通過社會抗爭運動就能進入政府決策議程，故而，客家運動走向沉寂實屬必然。

客家運動的沉寂除了臺灣社會政治環境變遷這一外因外，運動本身所固有的缺陷也是重要原因。《客家風雲》雜誌是客家運動興起的標誌，但它卻存在較多問題。例如，雜誌的內容對於推動客家運動的發展有其局限性。有的讀者認爲「客家雜誌非時論性，亦非學術性，人文性雜誌或休閒性雜誌，定位不清，生動性不夠，內容不夠豐富，所能吸收的只是客家社會中的信息。」「深度、客觀性不夠，時論性的文章大多爲個人情緒性的發洩，品質無法與市面上政論性雜誌競爭。」「客家雜誌的發行對凝聚客家意識，抒發客家情感有正面作用，但以書寫方式來傳達客家意識效果有限。內容多是報導客家風土人情，但不夠通俗多元，又不夠學術化，難以吸引其他族群的閱讀人群，而且無法引起較大的作用。」〔註 32〕再如，雜誌創辦者在理念上存在分歧，

〔註32〕曾金玉：《臺灣客家運動之研究（1987～2000）》，臺灣師範大學公民訓育研究所博士論文，2000 年，第 131 頁。

內部紛擾不斷。雜誌銷量甚小，財政拮据，乃至於不得不停刊數月。後來，經羅肇錦牽頭，數位在高等院校任教的學者接辦了雜誌，改名為《客家》，主要刊登與客家文化、社會、歷史、民俗思想、歌謠等有關的作品，改走客家民俗文化研究路線。儘管如此，雜誌發行量仍未提高，財政依然拮据。1990年 10 月，在獲得新埔枋寮義民廟管理委員會資助後，《客家》雜誌終於能勉強維持，並在每年暑假舉辦一次「全國客家文化夏令營」，以推廣客家文化，提升客家意識。然而，《客家風雲》改組成《客家》後，雜誌社內部仍然紛爭不斷，工作人員頻繁更換。曾長期參與雜誌事務的彭欽清不無感慨地指出《客家》雜誌存在的問題：1. 從《客家風雲》到《客家》雜誌，標榜的就是這份雜誌是無黨無派、是客家人的輿論公器，但事實卻並非如此。如 2005 年 10 月《客家》雜誌用 20 頁的篇幅，以「客家政治新領袖──羅文嘉」為題，鉅細靡遺地介紹民進黨臺北縣縣長候選人羅文嘉。2. 雜誌沒有專業經理人，發行人、社長都忙於專職，結果雜誌社的實權最後落入所謂的義工經理人手中，而掌管財務者又都是義工經理的至親好友，雜誌社幾乎成了個人玩票事業。3. 雜誌淪為文化乞丐流氓，擺出一副順我者昌，逆我者亡的姿態，對慷慨出錢贊助的個人或單位，歌功頌德過頭，對不肯出錢或出錢不多的單位便大加撻伐。4. 有些《客家》雜誌的發行人及社長有政治野心，未能公正無私，把雜誌當做自己的籌碼，濫用名位，四處邀名邀利。對外發言口口聲聲是代表《客家》雜誌，而骨子裏其實都是為了個人利益算計。〔註33〕

　　1988 年 12 月 28 日的「還我母語」大遊行雖迫使國民黨當局在其掌控的三家無線電視臺開播客語節目，但遠未達到預期的訴求目標，這是因為大遊行本身存在較多的先天不足。曾金玉通過採訪獲知，不少人對遊行頗有微辭。例如，有的受訪者表示「運動的訴求為爭取客語節目，但客語是否為客家文化的代表？爭取客家節目是否為客家人的普遍利益？這些都值得檢討。而且當時運動組成分子思想觀念互異，消弱了運動的動員力。」有的說「當時運動主要目的在於為《客家風雲》雜誌打出知名度，以增加銷路。內部對於運動方向不協調，遊行當時有許多政治性團體參加，黨派繁多，目的不一，反而客家人實際參與者不多，政治人物參加純粹是插花性質，為了其政治目的。」

〔註33〕彭欽清：《參與與退出：從「解嚴」的〈客家風雲〉到「戒嚴」的〈客家雜誌〉》，載張維安等主編：《多元族群與客家──臺灣客家運動 20 年》，臺灣客家研究學會出版，2008 年，第 362 頁。

有的認為遊行「只要求政府配合，而忽略母語的學習最主要應從家庭做起，這才是根本之道。只發起運動無法將客語落實於日常生活中，也無法普遍喚起客家意識。」〔註34〕可以說，「還我母語」大遊行訴求目標的抽象性與脫離現實性，遊行隊伍的拼湊性，運動理念的混亂性決定了遊行的成效勢必甚微。

「臺灣客協」雖在客家語言文化的搶救與研究、「新個客家人」理念的闡釋和散佈方面發揮著其他客家團體所無法比擬的作用，但它卻有著鮮明的政黨色彩。「臺灣客協」站在反對國民黨的立場上，與民進黨關係較為密切。「臺灣客協」的「新客家助選團」雖標榜只要候選人認同「加速促進臺灣民主化、現代化，促進臺灣各語族平等和諧、互助共榮」的原則，就不分黨派與族群地無條件為他們助選。但事實上「新客家助選團」助選的公職候選人多是民進黨籍，而且通常附帶要求候選人須接受客協的政見，並承諾當選後付諸實施。「臺灣客協」的政治立場常遭人詬病。例如，有的人認為「臺灣客協的民進黨色彩對於客家運動有好有壞，但一味傾向民進黨是否考慮到民進黨真能夠保障客家人權益？何況該黨有些做法常常沒考慮到客家人的存在。」有的人批評道「隨著民進黨取得中央執政權，福佬沙文主義盛行，和過去的國民黨心態並無兩樣。臺灣客協作為客家人的團體，不應只批評某一政黨，要站在中立的立場，不然客家的主體性容易喪失。就像馬英九擔任臺北市長時，臺灣客協幾乎退出臺北市的客家活動，這不就表示臺灣客協在為某一黨做事。」有的人質疑「臺灣客協強烈認同臺灣是一個主權獨立的國家，同時認為客家問題必須透過整體臺灣社會的改造才能解決。以往在國民黨主政下，客家母語遭受打壓，唯有打破現存的體制，才能改變現狀。臺灣客協主要成員皆有參與民主反對運動，不能就如此認為具有政黨色彩。」〔註35〕作為客家運動主要領導者和組織者的「臺灣客協」對民進黨有比較明確的偏好，這使其在民進黨上臺後難以延續先前激進的反政府路線，也無意再組織集體性的抗爭活動。

寶島客家廣播電臺與客家電視臺作為臺灣客家運動的標誌性成就，它們的成立曾令客家人歡喜雀躍。然而，經過客家精英多年抗爭才得以批准設立

〔註34〕 曾金玉：《臺灣客家運動之研究（1987～2000）》，臺灣師範大學公民訓育研究所博士論文，2000 年，第 133 頁。

〔註35〕 曾金玉：《臺灣客家運動之研究（1987～2000）》，臺灣師範大學公民訓育研究所博士論文，2000 年，第 133 頁。

的寶島客家電臺，開播不久即因節目單調、管理不善、政治立場等原因而倍受指責。受訪者表示：「客家電臺充其量只是把客家的聲音維持住，很難說有什麼具體的功能。」「客家電臺是中功率電臺，有它播音的局限性。未來除了要發展爲全國性的聯播網外，也要重視各地方的特色。節目內容要豐富，主持人的培訓也要加強。」「電臺的主持人可說是雜牌軍，財力不足是主要原因，而且電臺的立場不中立，不客觀。雖不能做到完全中立，但也要做到相對中立，否則容易喪失政黨立場不同的聽眾。」〔註36〕寶島客家廣播電臺開播數年後，逐漸從絢爛歸於平淡。無獨有偶，客家電視臺開播後因市場競爭、內部紛爭，機制不健全，專業人員缺失未及半年就遭遇無以爲繼的困境。

　　儘管客家運動因政黨傾向性明顯、理念模糊、群眾基礎薄弱、內部紛爭頻繁等問題而使其正當性受到質疑，運動成效大打折扣。但不容否認，經過十餘載的抗爭，它確實取得了令人矚目的成就。外在方面，寶島客家廣播電臺和客家電視臺的創設使客家人有了發聲的管道，客語在公共領域有了登臺亮相的機會。「行政院客家委員會」的設立使得客家問題有了專門的處理機構，行政管理科層也相應地得到大幅提升。內在方面，客家人的族群意識被喚醒，參政議政行爲明顯增多。政治人物對客家人的漠視態度大爲改觀，開始關注客家的政治與民生問題。客家人在臺灣社會中弱勢、孤立與隱形的狀況在一定程度上得以扭轉，在公共事務上逐步由沉默、被動轉變爲積極、主動。

〔註36〕曾金玉：《臺灣客家運動之研究（1987～2000）》，臺灣師範大學公民訓育研究所博士論文，2000年，第139頁。

第十章 族群問題與當代臺灣政治生態

　　政治生態是指一個社會中的政治體制、選舉制度、政黨關係，以及其他影響群體或個體政治行為的因素等所構成的社會政治系統。臺灣從國民黨敗退初期的黨國威權、獨裁統治，到蔣經國政治革新後的政黨紛爭、社會動盪，再到 2000 年政黨輪替後「泛藍」與「泛綠」兩大陣營的勢均力敵、針鋒相對，臺灣的政治生態在數十年間發生了翻天覆地的變化。在政黨競爭體制下，政治人物及政黨為了打擊對手，吸納選票，紛紛主動或被動操弄族群議題，從而逐漸使族群問題成為影響臺灣政治生態的重要因素。臺灣的政治族群化現象甚為顯著。

第一節　從黨國威權到藍綠對峙：臺灣政治生態的變遷

　　關於臺灣政治生態的分期，學界已做了深入研究，提出多種觀點。例如，劉國深在《臺灣政治概論》一書中將臺灣政黨體制劃分為一黨獨霸成一黨優勢時期（1949～1986）、一大一小不完全競爭兩黨體制（1986～1993），不等邊的三黨體系（1993～2000），從三黨競爭到兩大聯盟對峙的格局（2000～今）。孫雲在《臺灣政治轉型後政黨體制的演變及發展趨勢》一文中認為，伴隨著政治轉型，臺灣的政黨體制經歷了一大一小不完全競爭的兩黨體制（1986～1993）；兩黨體制的變形（1993～2000）；從多黨競爭到兩大聯盟對峙的格局（2000 至今）。孫俐俐在其博士論文《臺灣地區政黨體制的演變》中以政黨在「立法院」和歷屆「總統」以及地方選舉中的競爭力和獲得的席次作為分

期標準，將臺灣的政黨體制分為一黨專制的黨國體制（1949～1986）、國民黨一黨主導體制（1986～2000），兩黨制趨向（2000～今）。本節筆者試圖按時間先後順序分別從黨國威權、政治革新、多黨紛爭、藍綠對峙等幾個方面對臺灣政治生態的演變軌跡作粗略勾勒，以便讀者在後文中從宏觀層面瞭解族群問題與當代臺灣政治生態的關係。

一、黨國威權

國民政府敗退臺灣後，蔣介石為了穩固其對臺灣的統治，合理化國民黨的延續政權，相繼在組織、行政和軍事上採取了一系列措施，實行黨國威權主義統治。

其一，改造國民黨。蔣介石認為國民黨之所以在大陸悲慘失敗主要是因為「領導革命的本黨，組織瓦解、紀綱廢馳、精神衰落、藩籬盡撤。」〔註1〕所以，國民政府遷臺後不久，他便著手對國民黨進行徹底改造。1950年7月22日，國民黨中央常務委員會召開臨時會議，通過蔣介石交議的「本黨改造案」，其中包括「關於實施本黨改造之說明」、「本黨改造綱要」和「本黨改造之措施及其程序」三份文件，並決議「速付施行」。7月26日，蔣介石任命親信組成「中央改造委員會」，具體負責國民黨的改造事宜。

在《本黨改造綱要》中，蔣介石對國民黨的性質、黨員構成、幹部組織、紀律作風、黨政關係以及黨員的權利與義務等作了原則性規定。例如，《綱要》規定「本黨組織原則為民主集權制，由選舉產生幹部，以討論決定政策，個人服從組織，組織決定一切，少數服從多數，下級服從上級，在決議以前，得自由討論，一經決議，須一致執行，以求行動之統一與力量之集中。」「受黨的提名與支持而當選為各級民意機關之代表或議員，或被任為政務長官，而於當選或受任後，不能執行黨的政策或執行黨的決議者，以違反紀律論。」〔註2〕這些規定巧妙地把蔣介石的「領袖意志」與國民黨的組織決議糾合在一起，各級黨員幹部執行黨的決議實際上就是無條件服從蔣介石的命令，從而確立一元領導原則。〔註3〕

〔註1〕《革命文獻》，第69輯，臺北中央文物供應社，1976年版，第488頁。
〔註2〕黃嘉樹：《國民黨在臺灣1945～1988》，南海出版公司，1991年，第156～157頁。
〔註3〕李雪松：《中國國民黨退臺後的三次「改造」及其對臺灣政治的影響》，東北師範大學博士論文，2008年，第14頁。

在黨化思想，統一意志的同時，國民黨中央改造委員會徹底清理和整頓黨員隊伍，限期辦理黨員登記，「黨員歸隊後，納入組織，並加強管理黨籍，使不再發生黨員游離黨外之現象。對於未歸隊之黨員，一律撤銷黨籍。黨改造後，以小組爲基層組織，每一黨員必須參加小組，然後其黨籍方爲有效，此爲改造後之嚴格規定。小組會議規定每兩星期開會一次。」〔註4〕在整頓黨員隊伍的基礎上，中央改造委員會又強化組織紀律建設，撤銷形同虛設的各級監察委員會，重新設立紀律委員會，負責監察黨員行爲、審核各類違紀案件。對黨內搞小組織，違背上級政策與命令，不參加黨小組活動，洩露黨的秘密等行爲，一概按違反黨紀懲罰。凡有叛國通敵、跨黨變節、毀紀反黨、貪污瀆職、生活腐化、劣跡顯著、放棄職守、不負責任、信仰動搖，工作廢弛、不正當經營、以謀取暴利爲目的〔註5〕等行爲者，一經發現，當即清除。黨員隊伍整頓後，國民黨內原有的黃埔系、孔宋系、政學系、CC系等統統都被清算，排擠出統治層。

經過改造的國民黨在絕對排除非蔣派系的基礎上，組成從基層黨小組到區分黨部，再到縣黨部、省黨部和中央黨部的權力金字塔結構，金字塔頂尖是蔣介石及其繼承者蔣經國。決策權高度集中，表面上國民黨的最高決策機構是全國代表大會，但實際上是中央常務委員會，並最後高度集中在蔣介石手中。蔣介石不僅有權提名國民黨的中央委員和常務委員候選人，任命中央委員會秘書長和中央黨部各工作會的主任，而且還是中央常務委員會的最高指示者和最後裁決者。憑藉國民黨嚴密的組織和高度的集權，蔣介石在臺灣確立了「以黨治國」、「以黨領政」和「以黨領軍」的「黨國威權體制」。〔註6〕

其二，實施「戒嚴」。蔣介石遷臺後，爲了加強對臺灣民眾的統治，以防止「共匪」滲透爲名，宣佈在全島實施「戒嚴」。國民政府陸續頒佈了《戒嚴期間防止非法集會結社遊行請願罷課罷工罷市罷業等規定實施辦法》、《戒嚴期間新聞雜誌圖書管理辦法》、《懲治叛亂條例》等管制法令，規定「嚴禁聚眾集會罷工罷課及遊行請願等行動」；「嚴禁以文字標語或其他方法散佈謠言」；「嚴禁人民攜帶槍彈武器或危險物品」；「居民無論家居外出皆須隨身攜

〔註4〕《革命文獻》，第77輯，臺北中央文物供應社，1988年，第115頁。
〔註5〕蕭繼宗主編：《中國國民黨宣言集》，「本黨改造綱要」，臺灣中華印刷廠印刷，1976年，第454～455頁。
〔註6〕蔡泉水：《我國臺灣地區政黨制度的嬗變研究》，廣西民族大學碩士論文，2005年，第8頁。

帶身份證，以備檢查，否則一律拘捕」等。〔註7〕在戒嚴狀態下，臺灣民眾不得結社、集會、遊行，不得組建新的政黨，未經批准不得創辦新報紙，如有違反將以軍法懲處。追隨國民黨從大陸來到臺灣的「中國青年黨」和「中國民主社會黨」雖被允許「合法」存在，但卻受到嚴格限制，毫無任何政治影響力，它們實際上是國民黨為掩飾其獨裁統治而故意裝扮的「政治花瓶」。

其三，操控選舉。國民黨雖在臺灣實行「戒嚴」，建立專制統治秩序，但為了回應臺灣民眾的自治與民主訴求，應對統治危機，也不得不賦予他們一定的經濟和政治權益，以收攬民心。所以，國民黨在「封閉中央」的同時，實行地方自治。1950年，臺灣省政府制定頒佈了《臺灣各縣市實施地方自治綱要》、《臺灣省各縣市議會議員選舉罷免規程》、《臺灣省各縣市長選舉事務所組織規程》等16項地方自治法規。根據這些法規，「縣市議會」由民選的「縣市議員」組成，任期4年，另設「議長」、「副議長」，由「縣市議員」以無記名投票互選產生。「鄉鎮縣轄市民代表會」由「鄉鎮縣轄市民代表」組成，代表由鄉鎮縣轄市公民選舉產生，任期4年，連選連任。「縣市政府」採用首長制，設「縣市長」一名，由公民選舉產生。當選「縣市長」必須是縣市公民，且經資格審核合格，任期4年，連選連任。「鄉鎮縣轄公所」亦實行首長制，設「鄉鎮縣轄市長」1人，由鄉鎮縣轄市民選舉產生，任期4年，連選連任。鄉鎮縣轄市劃分為村裏，村裏不是地方自治單位，而是鄉鎮縣轄市以內的編組。村裏設「村里長」，由村裏公民選舉產生，任期4年，連選連任。〔註8〕

在國民黨的「封閉中央」與「地方自治」並存的二元制結構中，「總統」、「副總統」和臺灣省議會議員為間接選舉，其他都是直接選舉，並且在選舉中標榜「以普遍、平等、直接及無記名投票之方法行之。」然而，實際上國民黨為了穩操勝券，牢固控制地方權力，對候選人資格作了諸多限制。例如，省（市）議員候選人「須高級中等以上學校畢業，或普通考試以上考試及格，或曾任縣（市）議員以上公職一任以上」；「縣（市）長候選人須年滿35歲」，「須專科以上學校畢業，或高等考試以上考試及格，並具行政工作經驗二年以上，或曾任縣（市）議員以上之公職二年以上」；縣（市）議員和鄉、鎮、

〔註7〕茅家琦、徐梁伯等著：《中國國民黨史》（下），鷺江出版社，2005年，第819頁。

〔註8〕孫俐俐：《臺灣地區政黨體制的演變》，中共中央黨校博士論文，2009年，第27～28頁。

（市）民代表會代表候選人「須國民中學以上學校畢業，或丁等特種考試以上考試及格，或曾任鄉、鎮（市）民代表以上公職、村、里長一任以上」；鄉、鎮（市）長候選人須具高級中等以上學校畢業，或普通考試及格，並具有行政工作經驗二年以上，或曾任鄉、鎮（市）民代表之公職二年以上。」〔註9〕此外，國民黨還對選舉過程嚴格控制，從規定選舉時間、制定競選規則、指定選務辦事人員到組織輔選活動都一手包辦。在這種情況下，獲得國民黨提名就等於有了當選的保證，非國民黨籍當選者寥寥無幾，例如，1950 年第一屆縣市長選舉，在 21 席縣市長中，國民黨取得 17 席，其他人士當選 4 席。第二屆縣市長選舉，參加競爭的候選人 38 人，8 個縣市進行的是等額選舉。在 21 個縣市長席位中，國民黨取得 19 席，其他候選人當選 2 席。第三屆縣市長選舉，參加競爭的候選人 40 人，2 個縣市進行是等額選舉。在 21 個縣市長席位中，國民黨取得 20 席，其他候選人當選 1 席。1951 年第一屆臺灣省臨時議員選舉，55 個臨時議會議員席位中，國民黨取得 43 席，青年黨取得 1 席，其他人士取得 11 席。第二屆臺灣省臨時議員選舉，57 個議員席位中，國民黨取得 48 席，其他人士取得 9 席。第三屆臺灣省臨時議會議員的 66 個議員席位中，國民黨取得 53 席，青年黨取得 1 席，其他人士當選 12 席。〔註10〕

　　總而言之，自 1949 年國民黨遷臺直至 1986 年蔣經國政治革新之前，臺灣始終處在國民黨的威權統治下，民眾的結社、集會、言論自由受到嚴密約束，反對勢力被嚴厲壓制，組建政黨被視爲非法活動。儘管當時臺灣除了國民黨外，還存在「中國青年黨」和「中國民主社會黨」，但它們只是政治擺設和陪襯而已，根本不能對國民黨起到任何牽制和監督作用。不過，國民黨開放的地方選舉，目的雖在於撈取民意基礎，掩飾其獨裁統治的本質，而並非眞正要給臺灣民眾以民主與自治，但卻爲後來政黨體制的轉型留下了突破口。

二、政治革新

　　20 世紀五六十年代，國民黨在臺灣的威權統治相對穩定，但七十年代起就開始進入「多事之秋」。一方面，世界政治環境的巨變使臺灣當局瀕臨「外交」絕境，失去了「國際人格」。1971 年 10 月 25 日，第 26 屆聯合國大會以76 票贊成，35 票反對，17 票棄權，3 票缺席通過了恢復中華人民共和國在聯

〔註 9〕朱天順：《臺灣地方選舉制度剖析》，《臺灣研究集刊》1992 年第 1 期。
〔註10〕史衛民：《解讀臺灣選舉》，九州出版社，2007 年，第 4～11 頁。

合國合法席位的決議，同時決定立即將臺灣當局的代表從聯合國的一切機構中驅逐出去。1972 年 2 月，美國總統尼克松訪華，發表「上海公報」，承認臺灣是中國的一部分，並確認最終從臺灣撤出全部美國軍事力量和軍事設施。同年 9 月，日本接受中國政府提出的中日建交三原則，即日本政府承認中華人民共和國政府為中國唯一合法政府；承認臺灣是中華人民共和國領土不可分割的一部分；承認其在 1952 年與臺灣當局簽訂的「和平條約」屬非法無效，必須廢除。隨後，日本首相田中角榮訪華，中日兩國發表聯合公報，宣佈結束不正常狀態，建立正式外交關係。與此同時，國際上掀起了一股與臺灣斷交的高潮，1971 年有 12 個國家與臺灣斷交，1972 年更多達 27 個，至 1977 年底仍與臺灣保持「外交關係」的國家僅剩 23 個，而與中華人民共和國建交的國家則多達 113 個。〔註 11〕臺灣的「國際地位」一落千丈，失去了「國際人格」。另一方面，臺灣島內民眾要求政治「民主化」的呼聲日益高漲，反對運動風起雲湧。20 世紀五六十年代，臺灣經濟持續保持高速增長，產業結構發生巨大變化，社會逐步由傳統農業社會的兩極結構向現代工商業社會的多元化結構轉變。在臺灣社會轉型過程中，中產階級隨之興起。這些中產階級在經濟上取得成功後，自然想謀取提高其政治地位，加之受世界第三波民主化運動的鼓舞，他們要求國民黨結束獨裁統治，解除黨禁報禁，實行民主政治的呼聲日益高漲。在此情勢下，長期受國民黨壓制的黨外反對勢力迅速集結，掀起一股向國民黨威權統治挑戰的社會運動浪潮。據統計，在 1980 年至 1986 年間，臺灣共發生過 18 種類型的社會運動和 3000 餘次的抗議或請願活動。這些「反對運動」不僅使國民黨政權的「合法性」與「正當性」受到空前挑戰，而且使「民主化」成為臺灣社會普遍的政治訴求。此時已實際掌權的蔣經國深感唯有改弦易轍，另謀出路，方可挽救前途渺茫的臺灣。為了籠絡民心，維繫政權，他開始大量提拔臺灣籍青年才俊進入國民黨權力核心，推行本土化政策，進行政治革新。

　　1986 年 3 月 29 日，國民黨十二屆三中全會在臺北召開。蔣經國在會上提出了他的「政治革新」構想，並指示嚴家淦等 12 名中常委組成小組，主持「革新」方案的研擬工作。蔣經國的政治革新主要包括「解除戒嚴」、「開放政治性結社」、「充實中央民意機構」、「地方自治法制化」和「黨務革新」等五大

〔註11〕楊永生：《臺灣政治轉型原因研究》，首都師範大學碩士論文，2004 年，第 36 頁。

議題。（1）解除「戒嚴」，即解除 1949 年 5 月 19 日臺灣省政府和臺灣警備司令部頒佈的「臺灣地區緊急戒嚴令」，同時廢止因實施戒嚴而制定的 30 多種有關法令、法規和條例。（2）開放「黨禁」，即允許組建新的政黨。在解除戒嚴後，恢復民眾的結社權，允許成立包括政黨在內的政治性團體。同時，修訂「動員勘亂時期人民團體組織法」和「公職人員選舉罷免法」，對政治團體的組織與活動進行「立法規範」。（3）充實「中央民意機構」。國民黨的中央民意機構包括「立法院」、「監察院」和「國民大會」，是國民黨「法統」的象徵。蔣經國決定廢止「國大代表遞補制度」，建立資深中央民意代表退休制度，並大幅擴充臺灣地區增額民代名額。（4）地方自治法制化。多年來，地方人士和黨外力量一直強烈要求頒行《省縣自治通則》，使臺灣取得真正自治地位，「省主席」和「院轄市長」都改為民選。蔣經國決定，在不頒制《省自治通則》的情況下，制定「省」和「院轄市」的「組織法」，並將「省主席」和臺北、高雄「院轄市」市長，由官派改為經由「行政院長」提名，相關會議同意後任命。（5）革新黨務。臺灣社會對國民黨統治的腐敗現象和不正之風深惡痛絕。有鑒於此，蔣經國對行政人員提出十項「革新」要求：「節約，停建一切辦公樓、廳；公共工程開工、竣工不舉行儀式，只發公告即可；各級主管出國考察與參與會議，必須精密計劃，並以精通外語為主要依據；各級主管視察工作一律輕裝簡從，不許搞排場，不准擾民，禁絕一切招待；除特殊規定外，一切官員不許擺宴、開招待會，謝絕一切應酬；公教人員婚喪、喜慶不准濫發喜帖、訃告；公職人員不許入夜總會、特殊營業所，如有違犯，從嚴懲處；各級首長謝絕剪綵、揭幕之類邀請；注重公教人員福利，但不准亂發加班費、出差費；人人負責，解決職責內問題，不准推諉，開小會、短會、不開無準備之會。」〔註 12〕

　　1986 年 10 月 25 日，國民黨中常會通過了一項歷史性決議，取消實行 38 年之久的戒嚴體制，允許組織新的政黨，但規定新政黨必須遵守以下三原則，即遵守憲法、反共、反臺獨。「行政院」宣佈，「解嚴」、「解禁」從 1987 年 7 月 15 日起開始正式施行。〔註 13〕

〔註 12〕 李哲超：《蔣經國時期臺灣「政治革新」研究》，首都師範大學碩士論文，2008年，第 16 頁。

〔註 13〕 潘越：《從國民黨解除黨禁看臺灣政治轉型》，東北師範大學碩士論文，2003年，第 23～24 頁。

三、多黨紛爭

在解除戒嚴以前，臺灣的政治體系中形式上存在三個政黨，即中國國民黨、中國民主社會黨和中國青年黨。但從政治權力運作上看，民社黨和青年黨其實只是國民黨為了掩飾其專制獨裁統治的真面目而故意允許合法存在的兩個花瓶式在野黨。它們靠領取國民黨的「反共津貼」維持日常運轉，對國民黨言聽計從，處處為國民黨歌功頌德，根本發揮不了在野黨對執政黨的監督和制衡作用。故而，實際上解嚴前國民黨是臺灣唯一的政黨，民社黨和青年黨只是國民黨的外圍組織而已。蔣經國解除戒嚴，開放「黨禁」後，組建政黨與黨際競爭開始合法化，一時間各種新的政黨如雨後春筍紛紛湧現，政黨數量急劇增加。茲將 1989～2008 年臺灣政黨數量歷年遞增情況列表如下：

表六：臺灣政黨數目增長統計表（1989～2008）〔註14〕

年　　份	新登記政黨數	政黨總數
1989	40	40
1990	19	59
1991	9	68
1992	4	72
1993	2	74
1994	1	75
1995	2	77
1996	5	82
1997	2	84
1998	2	86
1999	3	89
2000	4	93
2001	4	97
2002	2	99
2003	3	102
2004	6	108

〔註14〕王海洋：《情境變遷、精英選擇與臺灣政黨體制轉型研究》，華中師範大學碩士論文，2011 年，第 25 頁。

年　　份	新登記政黨數	政黨總數
2005	8	116
2006	6	122
2007	11	133
2008	9	142

臺灣的政黨數量雖多達百餘個，但能與國民黨分庭抗禮的卻屈指可數。其中，民進黨、新黨和親民黨是曾經有實力挑戰國民黨的三個政黨。

民進黨創立於1986年9月，也就是說，在國民黨正式宣佈解除戒嚴前它已成立。國民黨敗退臺灣後，為了穩固其統治地位，實施長達38年之久的戒嚴。在戒嚴體制下，臺灣民眾的政治活動雖受到嚴厲壓制，但仍有部分黨外人士不畏強暴，積極爭取民主自由與參政議政權利。進入20世紀七十年代，隨著國際形勢與島內政經環境的改變，島內外的黨外人士逐步聯合起來，發動一系列反抗國民黨威權統治的社會運動，將「反對運動」推向高潮。1983年9月，部分黨外雜誌的編輯和作家組成了「黨外編輯作家聯誼會」；1984年2月，另一個黨外組織「黨外公共政策研究會」也宣告成立。1985年，黨外勢力逐漸整合，組成「黨外中央選舉後援會」，開始具備政黨的雛形。

對於黨外勢力勢如破竹的成長和咄咄逼人的攻勢，國民黨採取了口頭強硬而實際默許的態度。一方面，基於鞏固專制統治的需要，國民黨依照「戒嚴令」及其他相關法令，嚴格限制黨外組織的發展，連番取締黨外刊物。另一方面，島內外形勢的變化，尤其是黨外勢力在公職選舉中穩定獲得30％的民意支持，擁有「立法委員」、「監察委員」、「縣市長」和「省議員」近50個席位，使國民黨又不得不有所顧及，擔心如果採取強硬措施反而會使局面更難於控制。

1986年9月28日，來自「黨外中央民代選舉後援會」的132位黨外人士在臺北圓山大酒店開會討論年底國民大會代表選舉及立法委員選舉的輔選事宜。朱高正在會中建議立即組黨，他的提議獲得參會者熱烈響應。他們一致同意組黨，並決定採用謝長廷提出的「民主進步黨」作為黨名。11月10日，民進黨在臺北環亞大飯店舉行第一次全國黨員代表大會，討論並通過黨章和黨綱，選舉中央執行委員、中央常務委員和黨主席。對於民進黨的創立，蔣經國以「時代在變，環境在變，潮流也在變」的說辭給予默許，而沒有按照戒嚴法進行取締。〔註15〕

〔註15〕http://zh.wikipedia.org/wiki，民主進步黨。

　　民進黨是在反對國民黨獨裁統治的鬥爭中成長的政黨，因此其政治主張帶有明顯的反國民黨色彩。它宣稱「反對任何形式的暴力與專制」，主張建立「保障基本人權、國民主權、權力分立與制衡、責任政府、依法行政、司法獨立、政黨平等與自由」的政治制度；臺灣前途「應由臺灣全體住民以自由、民主、普遍、公正而平等的方式共同決定。任何政府或政府的聯合都沒有決定臺灣政治歸屬的權利」；臺灣應「採取彈性做法，重新加入聯合國，重返國際社會」。由是觀之，民進黨的政治主張含有明顯的「臺獨」色彩。不過，民進黨在成立初期僅憑藉高舉反對國民黨獨裁統治的大旗就能夠輕而易舉地博取眾多臺灣民眾的支持，所以並沒有特別強調其臺獨訴求。可是，在國民黨解除戒嚴，開放「黨禁」和「報禁」後，民進黨所主張的「民主自由」都被國民黨逐一付諸實施。於是，民進黨為了維持其繼續存在的合理性，只得把訴求重點轉向「臺灣認同」問題，在「臺獨」泥潭裏越陷越深。1988 年 4 月，民進黨臨時全代會通過「有條件主張臺獨」；1990 年 10 月，民進黨四屆二全大會通過臺灣「事實主權不及於中國大陸和外蒙古」的決議案；1991 年 9 月，民進黨以中央黨部名義發表聲明，聲稱「民進黨就是臺獨黨」，並於同年 10 月召開的五全大會上通過決議，在其黨綱中增列建立「臺灣共和國」條款，明目張膽地訴求「臺獨」。〔註16〕

　　民進黨成立後積極通過選舉與國民黨展開競爭，逐步擴大自己的勢力。在 1986 年的「立法委員」選舉中，民進黨贏得 73 席中的 12 席；同年的「國大代表」選舉中民進黨贏得 84 席中的 11 席。1989 年的「三項公職人員選舉」中，民進黨在「立法院」方面得 21 席，國民黨得 72 席；在「省議會」方面，民進黨得 16 席，國民黨得 54 席；在縣市長選舉方面，民進黨贏得臺北縣、宜蘭縣、新竹縣、彰化縣、高雄縣及屏東縣等 6 個縣的選舉，國民黨贏得 14 個。1991 年的第二屆「國代」選舉中，民進黨獲 23.9％的選票，得 66 個席位，國民黨得到 254 個席位。1992 年的第二屆「立委」選舉中，民進黨以 31.03％的得票率得到 51 個席位，國民黨得 95 個席位。1995 年的第三屆「立委」選舉中，民進黨贏得 164 個席位中的 54 席，國民黨獲得 85 席。在 1997 年的縣市長選舉中，民進黨得票率竟然超過國民黨，贏得了 23 個縣市長席位中的 12 席。由上述可見，民進黨在臺灣公職選舉中得票率穩步上昇，席位逐次增

〔註16〕http://www.china.com.cn/chinese，民進黨簡介。

多，迅速發展成臺灣第二大政黨，也是對國民黨執政地位最具挑戰實力的在野黨。〔註17〕

　　新黨前身爲中國國民黨內的次級問政團體「新國民黨連線」。李登輝上臺後在國民黨內並沒有自己的班底，他爲了穩固自己的地位，不斷利用各種手段對黨內的異己分子進行醜化和打壓。國民黨內以大陸籍勢力爲主的「非主流派」遭到以李登輝爲首，以臺籍官僚爲主體的「主流派」的壓制和排擠，他們在黨內的生存空間越來越小。爲了集聚力量與「主流派」進行鬥爭，1989年8月，立法院內的國民黨少壯派以「新國民黨」爲名成立問政團體「新國民黨連線」。他們倡言「黨務改革」，抨擊李登輝的假民主眞獨裁，接二連三挑戰「主流派」，雙方關係持續惡化，乃至水火不容。俞國華、李煥、郝柏村等在李登輝的排擠下陸續失勢後，「新國民黨連線」成員體認到他們已無法繼續在國民黨內立足，遂有另組新黨之意。1993年8月10日，「新國民黨連線」的核心人物趙少康、郁慕明、李慶華、王建煊、周荃、陳癸淼等7人，正式宣佈脫離國民黨，成立新黨。22日，新黨舉行成立大會，推舉趙少康爲第一任「立法院委員會」召集人，陳癸淼爲第一任「全國競選暨發展委員會」召集人，王建煊爲第一任「全國廉政勤政委員會」召集人。〔註18〕

　　新黨的政治主張主要有八項，分別是「主張民族大義，反對臺灣獨立；主張憲政民主，反對專制政治；主張內閣制度，反對總統獨裁；主張內造政黨，反對外造體制；主張優良選制，反對黑金賄選；主張代議政治，反對民粹主義；主張廉能政治，反對金權腐敗；主張福利政策，反對貧富懸殊。」〔註19〕新黨的支持者，從省籍上看，主要是外省人，強烈支持中國統一，堅決反對民進黨和李登輝的「臺獨」路線；從地域上看，主要集中在臺北市、臺北縣、桃園縣等北部都會地區，所以又被稱爲「都會黨」；從職業上看，以軍、公、教、白領上班族爲多，政治參與行爲和平而理性；從社會階層上看，以中產階級爲主，具有獨立的政治意識，政治參與性高，強烈要求實行黨內民主，反對黑金政治。〔註20〕

〔註17〕孫俐俐：《臺灣地區政黨體制的演變》，中共中央黨校博士論文，2009年，第50～54頁。
〔註18〕http://zh.wikipedia.org/wiki，新黨。
〔註19〕http://baike.baidu.com，新黨。
〔註20〕孫俐俐：《臺灣地區政黨體制的演變》，中共中央黨校博士論文，2009年，第79頁。

新黨成立後立即投入臺灣公職選舉，並頗有斬獲。在 1993 年的縣市長選舉中，獲得 5.54%的選票；在 1994 年的「省市長」選舉中，得票率達到 7.5％。新黨在「臺北市議會」中擁有 11 席，使得國民黨、民進黨在「議會」的席次均未過半數。同時，新黨在「臺灣省議會」與「高雄市議會」中各占有 2 席。在 1995 年的第三屆「立法委員」選舉中，新黨一舉拿下 164 個席次中的 21 席。在 1996 年的「國大代表」選舉中，新黨斬獲 46 席，得票率上昇至 13.67％。隨著選舉的歷練，新黨組織機構日益健全，黨員人數不斷髮展壯大，高峰時曾建有 10 多個黨部，組成 170 多個大小不等的義工團體，黨員人數達到 7 萬人左右。新黨的崛起，使國民黨和民進黨在「立法院」中各自佔有的席位很難超過半數，新黨也因之增加了其在「立法院」制定法案時與他黨合作，在權力分配時與他黨交換的籌碼，鞏固與奠定了它作為臺灣第三大政黨的地位，並使其成為「立法院」的關鍵少數。〔註 21〕不過，自 1997 年起，新黨內部頻頻內訌，黨的形象嚴重受損，民眾支持率一路下滑，在 2001 年的立委選舉中，新黨未能通過得票率 5%的門檻，在臺灣本島、澎湖沒有得到任何席次，僅在偏遠的金門縣獲得唯一的一席立委和縣長。親民黨成立後，新黨因不少立委、黨員和支持者轉入親民黨而迅速衰退成臺灣第四大政黨。

親民黨前身是宋楚瑜在 2000 年競選中華民國總統時成立的「新臺灣人服務團隊」。宋楚瑜自 1974 年踏入政壇後，一直是引人注目的風雲人物，特別是他擔任臺灣省主席期間經常深入基層，探查民情，解決實際問題，樹立了勤政愛民的形象，為其奠定了雄厚的民意基礎。1996 年 12 月，在李登輝的主導下，國民黨與民進黨在「國家發展會議」中以提高工作效率和節省開支為名，達成「凍省」協議，停止「省長」、「省議員」等公職的選舉，以「廢省」達到「廢宋」之目的。宋楚瑜堅決反對「廢省」，並因此與李登輝反目成仇。2000 年，宋楚瑜與國民黨徹底決裂，毅然以獨立候選人身份參加第十屆中華民國總統選舉，結果以 466 萬張的高票落敗，與當選的民進黨候選人陳水扁僅相差 30 萬張票。宋楚瑜在義憤填膺的支持者要求下，順勢成立親民黨，〔註

〔註 21〕 孫俐俐：《臺灣地區政黨體制的演變》，中共中央黨校博士論文，2009 年，第 79～80 頁。

〔註 22〕 親民黨草創期間，命名事宜由前立法院院長劉松藩負責。劉表示新政黨的名字應離不開「新臺灣人服務團隊」，所以在親民黨成立前暫定為「新臺灣人民黨」，簡稱「新民黨」。宋楚瑜認為新政黨的最大特性在於親民，並根據《大學》中：「大學之道，在明明德，在親民，在止於至善」，遂建議命名為「親民黨」。http://zh.wikipedia.org/wiki，親民黨。

22）以便東山再起。親民黨成立後，「擁宋」的國民黨、新黨和部分無黨籍「立法委員」、黨務幹部和原「省府」團隊成員紛紛轉為親民黨黨員或支持者。

親民黨的社會基礎，在族群屬性上，外省籍、本省籍、原住民都有，但外省籍、客家人及原住民認同親民黨的比例較高，所以親民黨常被稱為「外省黨」；在地域屬性上，親民黨的支持者主要集中在北部都會區和中部的客家人、原住民聚居區，在南部則僅存在於少數都會區；在學歷層次上，親民黨的支持者學歷普遍較高；在職業特點上，親民黨的支持者主要集中在軍公教階層，在榮民榮眷中享有較大的優勢。〔註23〕

親民黨成立初期，民意支持度很高，在 2001 年底的第五屆「立法委員」選舉中一舉獲得 46 席，成為「立法院」第三大黨。但在此後的歷次選舉中，親民黨的得票率一直呈下降趨勢，到 2008 年第七屆「立法委員」選舉時，只得到 1 席。親民黨「高開低走」和迅速泡沫化的走勢與宋楚瑜人格魅力的消減密切相關。

四、藍綠對峙

在 2000 年中華民國第十屆總統選舉中，由於國民黨的分裂，鷸蚌相爭，結果民進黨的陳水扁「漁翁得利」，以微弱優勢勝出。民進黨上臺後，臺灣的政治生態發生重大變遷。在 2000 年以前，國民黨因長期執政而幾乎壟斷了島內所有的政治、軍事、經濟與社會資源，並憑藉執政優勢在島內的各種選舉穩獲多數席位。然而，執政權的喪失，特別是親民黨的分裂，使國民黨的實力迅猛下滑，臺灣開始步入「泛藍」與「泛綠」勢均力敵，彼此針鋒相對的政黨競爭時代。

2001 年，臺灣舉行第五屆「立法委員」和第十四屆縣市長選舉，這是政黨輪替後的首次公職選舉。立法委員選舉方面，國民黨以 28.56% 的得票率得到 68 席，民進黨以 33.38% 的得票率得到 87 席，親民黨以 18.57% 的得票率得到 46 席，「臺聯黨」以 7.76% 的得票率得到 13 席，新黨以 2.61% 的得票率得到 1 席，其他政黨和無黨籍人士以 9.12% 的得票率當選 10 席。儘管民進黨成為「立法院」第一大黨，但國民黨、親民黨和新黨合計有 115 席，占總席位的 51.11%。縣市長選舉方面，國民黨以 35.15% 的得票率贏得桃園縣、新竹縣、

〔註23〕孫俐俐：《臺灣地區政黨體制的演變》，中共中央黨校博士論文，2009 年，第 81 頁。

臺中縣、雲林縣、花蓮縣、澎湖縣、基隆市、新竹市、臺中市等 9 個縣市；民進黨以 45.22％的得票率贏得臺北縣、宜蘭縣、彰化縣、南投縣、嘉義縣、臺南縣、高雄縣、屏東縣、臺南市等 9 個縣市；親民黨以 2.35％的得票率贏得臺東縣和連江縣；新黨以 9.95％的得票率贏得金門縣；無黨籍人士贏得苗栗縣和嘉義市。〔註24〕從選舉的結果來看，民進黨的實力稍強於國民黨，但若將國民黨與從其分裂出去的新黨和親民黨累加的話，則反而稍強於民進黨。

此次選舉後，國民黨、新黨和親民黨的領導層意識到：三黨的政治主張相似，都認同「一個中國」，反對「臺獨」，只是在程度上有所差異而已；票源高度重疊，鐵杆支持者主要是軍、公、教系統人員；三黨「合則皆利，分則皆損」。為了避免「鷸蚌相爭、漁翁得利」的悲劇一再發生，國民黨、新黨和親民黨決定展開黨際合作與整合，組成「泛藍」陣營，在「立法院」中互相奧援，以抗衡民進黨。「泛藍」的整合給民進黨的執政造成有力的牽制和極大的困擾。為了擺脫這種困境，民進黨與臺聯黨也因政治主張、意識形態與社會基礎相似也開始聯合起來，組成「泛綠」陣營。「泛藍」和「泛綠」在政治理念、勢力版圖和選民結構方面各不相同，彼此針鋒相對，互不相容。首先，在政治理念方面，「泛藍」反對臺獨，主張維持臺海現狀，強調華人意識，捍衛中華民國。「泛綠」強調臺灣意識，主張臺灣獨立，反對兩岸互動。在勢力版圖方面，「泛藍」在北部縣市具有明顯優勢，「泛綠」在南部有雄厚的民意基礎，雙方大體上以濁水溪為界呈現「北藍南綠」的態勢。在選民結構方面，「泛藍」的支持者多是軍公教系統人員、客家人、原住民，以及主張維持臺海現狀的閩南人。「泛綠」支持者的主要特徵為：八成以上為閩南人，居住在中南部縣市，教育程度偏低、社會地位低下，在政治立場上多傾向「獨立建國」，自我認同為「臺灣人」。「泛藍」與「泛綠」的對抗使臺灣的政治生態進入政黨競爭、族群撕裂和社會動盪時代。

第二節　族群矛盾、國家認同與政治的族群化

蔣經國解除戒嚴，開放黨禁報禁，推行政治「本土化」政策後，長期被國民黨壓制的黨外勢力迅速崛起，社會上「民主化」呼聲日益高漲，反對運動此起彼伏，臺灣的政治生態逐漸由黨國威權演變成「泛藍」與「泛綠」兩

〔註24〕史為民：《解讀臺灣選舉》，九州出版社，2007 年，第 47 頁。

大陣營針鋒相對的政黨競爭時代。在臺灣的政治轉型過程中，原本在社會生活中早已消弭的省籍族群問題被政治人物，特別是具有臺獨傾向的政客演繹成打擊對手，博取選票的工具，政治族群化現象明顯。

一、演繹的族群矛盾

有的臺灣學者認為，當今臺灣制約著政治運作的社會分歧主要在族群性，而非一般已開發國家所見的階級之爭。〔註25〕他所說的「族群性」主要是指臺灣社會中的族群矛盾。按照族群形成與認同的原生論，臺灣的居民可分為漢族與原住民兩大族群。其中，漢族內部依語言、宗教、民俗上更為具體的差異又可細分為閩南人與客家人；原住民可分為泰雅、賽夏、布農、鄒、魯凱、排灣、卑南、阿美、雅美等族群。這些族群自漢族移墾臺灣初期起就在經濟文化生活中既鬥爭，又合作，彼此關係錯綜複雜。1993 年，民進黨出於政治鬥爭的需要，無視各個族群在語言、文化上的差異，提出「四大族群」之說，即把臺灣的居民劃分為閩南人、客家人、外省人與原住民四個族群。這種政治建構色彩濃厚的族群劃分法居然很快獲得社會認同，並逐漸流行開來。與此相對應的是臺灣的族群矛盾被簡化為原漢矛盾、閩客矛盾與省籍矛盾。

（一）原漢矛盾

原漢矛盾是指原住民與漢人之間的矛盾，也稱「番漢矛盾」。原住民隸屬於南島語族，其生產形態、衣食住行、社會組織以及禮俗信仰都與漢族迥然不同。在定居臺灣的數千年時間裏，他們依地理形勢、血緣組織與祭祀習俗等形成很多族社，過著近乎封閉式的原始部落生活。原住民雖以打獵和捕魚為生，不諳耕作，但卻視環繞在其族社周圍的荒埔為「祖公所遺，可耕可捕，籍以給養饗」的族產，決不會允許外人輕易侵佔。清朝時期，漢人移民主要通過「繳納番租」或「貼納番餉」的形式向原住民贌耕土地，雙方以彼此合作，並耕共處，和睦交往為主旋律，並不像有些學者所宣稱的那樣，臺灣拓墾史是一部漢人壓迫原住民的血淚史。但不容否認，原住民與漢人移民之間確實存在矛盾，不過主要是番租糾紛、侵墾霸耕、「番害」等零星的小衝突。

〔註25〕施正鋒：《族群與民族主義：集體認同的政治分析》，前衛出版社，1998 年，
　　　第 171 頁。

終清之世，涉及原住民與漢人衝突的較大事件只有數起，主要有康熙三十八年（1699 年）的卓霧事件、康熙三十八年（1699 年）的冰冷事件、雍正四年（1726 年）的骨宗事件、雍正九（1731 年）的林武力事件、乾隆三十一年（1766年）的攸乃武社事件。這些事件基本上都屬於原住民集體武力抗官，難以算作原漢間的族群衝突。清代臺灣嚴格意義上大規模的原漢衝突只有兩起，一為嘉慶元年（1796 年）的吳沙事件，另一為嘉慶十九年（1814 年）的郭百年事件。

經過清朝二百餘年與漢人移民的互動，居住在臺灣西部平原的平埔族群基本上漢化殆盡，變成「消失的族群」，而散居在中部山地和東部縱谷的高山族群則因地理環境封閉之故，尚能較為完整地保留其固有的語言文化與風俗習慣。儘管日本殖民統治時期，日本人採取武力與懷柔兼用的方式企圖徹底征服和改造原住民，利用他們對抗漢人，但並沒有達到預期效果。國民黨敗退臺灣後，對原住民推行同化政策，強制要求他們改變原有的姓氏、衣著、飲食與生活習慣，學說「國語」。與此同時，加強對原住民所居山地的開發，試圖改善他們的社會生活。然而，事與願違，國民黨的民族政策非但未能促進原住民經濟的發展，反而使他們世居的土地被侵佔，生態環境被破壞，經濟上日益貧困，傳統文化流失嚴重，政治上愈加邊緣化。20 世紀八十年代，在世界原住民運動，特別是島內「民主化」和「本土化」浪潮的影響與促動下，原住民精英協同「黨外反對勢力」發動了一場以提高和改善原住民經濟地位和政治權利為抗爭目標的社會政治運動。原住民運動雖迫使臺灣當局陸續採取了一些有利於改善原住民政治經濟權益的政策，但因運動理念的隨意變遷與模糊不定，加之組織的結構性弊端與領導層的內訌，使得運動存在不少無法克服的困境，以致最終式微，沒有達到預期的訴求目標。在當代臺灣「藍綠對峙」的政治生態中，原住民由於人數甚少，政治影響力微弱，難以引起政黨的重視。儘管在選舉期間不斷有政黨拋出要提高原住民社會生活的言論，但事實上多為騙取原住民選票的「空頭支票」。目前，雖然臺灣原住民在社會上的弱勢地位依然沒有改變，但他們與漢人在日常生活中並不存在嚴重的矛盾與衝突。

（二）閩客矛盾

康熙收復臺灣後，閩粵沿海地區的閩南人與客家人蜂擁入臺拓墾土地。他們移居臺灣後，面對草萊初闢的艱苦環境，為求生存、發展和防禦原住民

的襲擊，一般以祖籍或方言爲認同基礎，按照地緣分類聚居，彼此壁壘森嚴，絕少往來，而且時常因爭奪土地、水源等自然資源發生大規模分類械鬥。其情形誠如連橫在《臺灣通史》中所言「淡水據臺之北鄙，地大物博，閩、粵分處，閩居近海，粵宅山陬，各擁一隅，素少來往。而閩人以先來之故，稱粵籍曰『客人』，粵人則呼閩籍曰『福老』，風俗不同，語言又異，每有爭端，輒起械鬥。」〔註26〕有清一代，閩客械斗極其頻繁。據統計，從 1768 年至 1860 年的 93 年間，平均每三年就發生一次閩客械鬥。每當械鬥發生時，短則數日，長則達數月之久，不僅給閩客族群造成巨大的人員與財產損失，而且給他們的心靈帶來難以癒合的創傷。

日本殖民時期，面對日本人的殖民壓榨，閩客族群開始聯合起來共同抗爭，彼此間的歷史積怨逐漸消融於「本島人意識」之中。臺灣光復後，在國民黨政府構建的二元政治經濟結構下，無論閩南人還是客家人都受到排擠和歧視，彼此的族群意識逐漸淡化，閩客情結又轉而消融在「本省人意識」當中。但 20 世紀八十年代後，在臺灣如火如荼的反對運動和各種政治選舉造勢活動中，閩南人憑藉其人多勢眾的優勢，往往不顧客家人的感受，動輒以臺灣的「主人」自居，顯得非常霸道。他們有意無意稱自己爲「臺灣人」，閩南話爲「臺語」，狹隘地把閩南文化等同於臺灣文化。客家人則因人口相對較少，經濟力量薄弱，客語流失嚴重，政治代言人稀少而在臺灣社會中長期處於弱勢地位，被謔稱爲「隱形人」。爲了反對「福佬沙文主義」，爭取客家人的政治與經濟權益，激發客家族群意識的覺醒，客家精英與社團發動了一場以搶救與復興客家語言文化爲主要訴求的客家運動。客家精英要求臺灣當局在政策上承認客家語言和客家文化的獨特性並加以尊重，要求閩南人在政治活動中不能漠視客家人的存在，更不能霸道地以「臺灣人」自居。客家運動使客家人的族群意識得以喚醒和強化，同時也在一定程度上激活了早已消弭在本省人意識中的閩客情結。

（三）省籍矛盾

省籍矛盾是指臺灣本省人與外省人之間的隔閡、歧視與衝突問題。如前所述，「二二八事件」發生後，國民政府爲了推卸責任，同時爲軍事鎮壓尋找藉口，將其渲染成本省人屠殺外省人的族群衝突。自此，本質上是「官民衝突」

〔註26〕連橫：《臺灣通史》，華東師範大學出版社，2006 年，第 127 頁。

的「二二八事件」便逐漸被演繹成省籍矛盾的源起。國民政府遷臺後所構建的二元政治社會結構進一步加深了外省人與本省人的隔閡，極大地催化了省籍矛盾。不過，在國民黨的黨國威權統治下，人們被嚴禁在公共場合談論省籍問題，故而在 20 世紀七十年代以前臺灣的省籍矛盾並不彰顯，也沒有造成社會的分裂與對立。可是七十年代以後，隨著臺灣「民主化」與「本土化」浪潮的興起，黨外勢力開始利用省籍問題作為政治鬥爭的工具。他們宣稱國民黨是壓迫臺灣人民的外來政權，外省人是凌駕於本省人之上，享受特殊政治地位的統治族群，臺灣人民要「出頭天」就必須推翻外省人的統治。在公職選舉中，黨外勢力的候選人動輒喊出諸如「外省人滾出去！」、「中國豬滾回去」、「終結外來政權！」等極富省籍仇恨色彩的口號。外省人在黨外勢力深具煽情與挑撥性的族群動員下，萌生了前所未有的危機感，開始對支持黨外勢力的本省人產生警覺心理。於是，原本在社會生活中早已不成問題的省籍矛盾每逢政治選舉期間，總會猶如幽靈般浮現，困擾著臺灣民眾，撕裂臺灣社會。

通過對原漢矛盾、閩客矛盾與省籍矛盾的扼要梳理，我們可以發現當代臺灣所謂的族群矛盾在很大程度上是政治建構與演繹的結果。因為：其一，在民族學意義上臺灣只有漢人與原住民兩個族群，也就是說，原漢矛盾是唯一的族群矛盾。而如果將漢人與原住民按照語言、宗教、民俗等特徵進一步細分的話，則臺灣的族群多達 20 餘個，各個族群之間都不同程度地存在矛盾，族群矛盾遠不止原漢、閩客與省籍這三對矛盾。其二，無論原漢矛盾、閩客矛盾還是省籍矛盾，隨著時間的推移都已基本消弭。當代臺灣社會中原住民、客家人、閩南人與外省人在日常生活中並不存在相處問題。只是每逢政治選舉時，族群矛盾才會在政治人物與大眾媒體的渲染下凸顯，可見其政治建構與演繹色彩甚為明顯。

二、族群的政黨傾向

政黨傾向是指選民在心理上對特定政黨的認同感〔註 27〕或忠誠感，並在

〔註 27〕 「政黨認同」概念最早由 Campbell 等人（Campbell, Converse, Millerand Stokes, 1960）於 The American Voter 一書中提出，概念提出後即為美國政治學界在研究選民行為上提供了一個重要的解釋變項。此概念也廣為各國政治學者所援用。密西根學派視政黨認同為：對政黨的一種心理依附感，它可以不需要透過任何法律上的承認或正式成員的形式來形成。政黨認同具有「長期、穩定」的特性，因此被作為解釋政治態度及行為的重要因素。

選舉中以投票行為表現出來。以下是 1991～2004 年臺灣歷屆公職選舉中國民黨、民進黨、親民黨、新黨、臺聯，以及其他政黨所獲得的支持率。

表七：1991～2004 年公職選舉中政黨所獲的支持度〔註28〕（單位％）

選舉類型	國民黨	民進黨	親民黨	新黨	臺聯	其他政黨
1991 國大代表	69.1	23.3				7.6
1992 立委	52.7	31.4				15.9
1993 縣（市）長	47.3	41.2		3.1		8.5
1994 省長	56.2	38.7		4.3		0.8
1994 省議員	51	32.5		3.7		12.7
1994 臺北市議員	39.0	30.1		21.7		9.2
1994 高雄市議員	46.3	24.8		4.8		24.1
1995 立委	46.1	33.2		12.9		7.8
1996 國大代表	49.7	29.8		13.7		6.8
1996 總統	54	21.1		14.9		10.0
1997 縣（市）長	42.1	43.3		1.5		13.1
1998 立委	46.4	29.6		7.1		16.9
1998 臺北市議員	40.1	30.9		18.6		10.4
1998 高雄市議員	45.2	26.8		3.8		24.2
1998 縣（市）議員	48.8	15.8		3.1		32.3
2000 總統	23.1	39.3		0.1		37.5
2001 縣（市）長	35.1	45.2	2.4	10.0		7.3
2001 立委	28.6	33.4	18.6	2.6	7.8	9.1
2002 臺北市議員	32.1	28.5	17.6	9.0	3.7	9.0
2002 高雄市議員	25.8	25.0	11.9	0.6	6.7	29.9
2002 縣（市）議員	36.0	18.2	7.0%	0.4	1.5	34.7
2004 總統	49.89	50.1				0
2004 立委	32.8	35.7	13.9	0	8.6	0

〔註28〕楊弘娟:《高雄市選民投票抉擇因素之研究——2006 年第四屆高雄市長選舉個案》，國立中山大學政治學研究所碩士論文，2008 年，第 45 頁。

　　由上表可見，國民黨的支持率在 1991 年「國大代表」選舉時最高，達 69.1
％，而在 2000 年「總統」選舉時只有 23.1％，相差懸殊。民進黨的支持率最
高時是 50.1％，最低時只有 15.8％，相差也不少。新黨的支持率則猶如過山
車般大起大落。新黨成立之初在 1993 年的縣（市）長選舉中獲得 3.1％的支
持率，在第二年的臺北市議員選舉中支持率竟驟然飆升至 21.7％，而到 2002
年縣（市）議員選舉時，支持率只有 0.4％。無政黨認同者的數量在歷次選舉
中也呈現搖擺不定的態勢。例如，無政黨認同者在 1994 年臺灣省長選舉時占
0.8％，1998 年縣（市）議員選舉時占 32.3％，2001 年縣（市）長選舉時占
7.3％，2002 年縣（市）議員選舉時占 34.7％。客觀而言，每個政黨所獲的支
持率往往與其政治理念與選舉策略有莫大關聯，而不一定與選民的政黨傾向
完全對等，但後者對前者確有不容忽視的影響。

　　對於族群的政黨傾向，學界已做了較多探討。如前所述，臺灣的「四大
族群」並不是民族學與人類學意義上的族群分類，而是帶有鮮明的政治建構
色彩。它是民進黨為打擊國民黨，拉攏選票，追求政治資源而刻意區分臺灣
民眾所形成的「政治族群」。故而，學術界通常認為四大族群天然地具有不同
的政黨傾向。其中，本省人多支持民進黨及「泛綠」，外省人多認同國民黨及
「泛藍」，客家人與原住民傾向於支持國民黨及「泛藍」。不過，每個族群在
保持認同大勢的情況下，其內部的選民往往因個人背景的不同而表現出不同
的政黨傾向。例如，1992、1995 以及 1998 年的調查資料顯示，不論任何世代
的閩南人對國民黨的認同比例都呈現非常穩定的趨勢，大約維持在 30％左
右，而對民進黨的認同則持續增長。其中，1943 年以後出生的第二代與第三
代閩南人要比 1942 年及其以前出生的第一代更青睞民進黨。就外省人而言，
他們在 1992 年認同國民黨的比例超過八成，而到 1995 年則減少了一半，1998
年又回升到六成左右。外省人對民進黨的認同一直很低，歷年平均不到五個
百分點。閩南人無政黨認同者遠高於外省人，尤其是 1942 年及其以前出生的
人更為明顯。關於 1992～1998 年不同世代閩南人與外省人的政黨傾向詳情見
下表〔註29〕：

〔註29〕陳陸輝：《臺灣選民政黨認同的持續與變遷》，《選舉研究》第 7 卷第 2 期，2000
　　　　年。

表八：1992～1998閩南人的政黨傾向（單位％）

		1992年	1995年	1998年	平均值
第一代： 1942年及其以前出生	傾向國民黨	30.7	33.6	34.3	32.9
	傾向民進黨	7.9	13.5	17.1	12.8
	無政黨傾向	61.4	50.2	48.6	53.4
第二代： 1943～1960年出生	傾向國民黨	32.5	37.8	31.6	34
	傾向民進黨	17.9	21.6	35.4	25
	無政黨傾向	49.6	36.3	31.6	39.2
第三代： 1961年及其之後出生	傾向國民黨	35.4	29.9	33.9	33.1
	傾向民進黨	18.9	25.4	33.9	26.1
	無政黨傾向	45.7	31.4	30.0	35.7

表九：1992～1998外省人的政黨傾向（單位％）

		1992年	1995年	1998年	平均值
第一代： 1942年及其以前出生	傾向國民黨	88.2	54.5	76.7	73.1
	傾向民進黨	0	3.0	7.0	3.3
	無政黨傾向	11.8	22.7	9.3	14.6
第二代： 1943～1960年出生	傾向國民黨	81.4	32.1	64.1	59.2
	傾向民進黨	3.4	7.5	10.3	7.1
	無政黨傾向	15.3	18.9	15.4	16.5
第三代： 1961年及其之後出生	傾向國民黨	73	38.2	54.8	55.3
	傾向民進黨	2.7	5.6	4.8	4.4
	無政黨傾向	24.3	21.3	21.0	22.2

　　同一族群的政黨傾向在不同的地點常有所不同。例如，就2002年臺灣北、高市長選舉的情況來看，臺北市與高雄市的客家人在政黨認同上表現出較大差異。在臺北市，客家人多傾向國民黨和無政黨偏好，分別占30％和33％，而在高雄市，客家人多是無政黨和民進黨的認同者，分別占42.3％和28.8，對國民黨的支持率只占13.5％。至於2002年臺北市與高雄市客家人、閩南人與外省人的政黨傾向詳情見下表。〔註30〕

〔註30〕陳柏瑋：《臺北市、高雄市選民的政黨偏好差異：以2002年北、高兩市市長選舉為例》，國立中正大學政治學系暨研究所碩士論文，2005年，第32～39頁。

表十：2002 年臺北市民政黨傾向（單位％）

政黨傾向 ＼ 族群	國民黨	民進黨	親民黨	無政黨認同
客家人	30.0	25	12	33.0
閩南人	25.4	39.5	6.0	29.2
外省人	47.5	4.1	31.5	16.9

表十一：2002 年高雄市民政黨傾向（單位％）

政黨傾向 ＼ 族群	國民黨	民進黨	親民黨	無政黨認同
客家人	13.5	28.8	15.4	42.3
閩南人	19.4	41.2	3.6	35.8
外省人	44.9	4.3	29.0	21.7

　　族群的政黨傾向在不同的時間內也存在差異。1990～2000 年的十年內，無論外省人、客家人還是閩南人對國民黨的認同都一路下滑，而對民進黨的認同則持續攀升。2000 年後，情形發生逆轉，各個族群對國民黨的認同都有所回升，對民進黨的認同則相應下降。國民黨與民進黨在不同時間內獲得的認同度發生彼升此降的現象較好理解。1990 年代初，民進黨建黨不久，力量薄弱，難以引起大量民眾的關注和認同，故而，國民黨依然獲得很高的支持度。此後，隨著民進黨的不斷壯大及其對族群議題的頻繁操弄，閩南人與客家人對民進黨的認同逐漸上昇，至 2000 年，閩南人支持民進黨的人數比例已大幅領先於支持國民黨的人數比例。然而，民進黨上臺後政績平平，加之陳水扁貪污腐敗，致使各個族群對民進黨的認同都不同程度地開始下滑，國民黨獲得的認同反而轉降為升。〔註31〕

　　概而言之，當代臺灣四大族群的政黨傾向雖呈現閩南人多支持民進黨，外省人、客家人與原住民多支持國民黨的態勢，但各個族群的政黨傾向並非一成不變，鐵板一塊。選民的年齡階層、政治背景，以及選舉時空的不同都

〔註31〕 王杰：《臺灣政治格局中的族群問題》，中央民族大學碩士論文，2010 年，第 28～29 頁。

會對選舉結果產生或多或少的影響。事實上，筆者並不贊成以族群為單位來考量臺灣民眾的政黨傾向，因為政黨傾向在很大程度上是個體而非群體行為，況且臺灣的四大族群是政治操弄的產物。故而，學術界若不加分辨地以族群為單位來探討臺灣民眾的政黨傾向，就有可能落入政客所預設的圈套，淪為他們撕裂族群，擾亂社會，實現個人政治抱負的工具。

三、族群的國家認同

「國家認同」是指「一個人確認自己屬於哪一個國家以及這個國家究竟是怎樣一個國家的心理活動。」〔註 32〕它通常包括兩個方面的內容，一是內政方面，即國家主權和治權關係，政府的「代表性」、「合法性」等問題；二是外交方面，即在國際社會的地位處境以及與其他國家的關係。當前臺灣社會中所謂的「國家認同」問題是指臺灣各種政治勢力以及廣大民眾對於臺灣政治改革、前途出路以及兩岸關係的看法，亦即關於臺灣的「國家歸屬」與「國際地位」的態度與觀點。〔註 33〕

國家認同的分歧與對立是臺灣社會「民主化」與「本土化」的產物。國民黨敗退臺灣後，對內向臺灣民眾灌輸「中國意識」，強調所有臺灣居民都是「中華民族」、「炎黃子孫」，對外仍自稱「中華民國」，並代表中國政府長期佔據聯合國席位。20 世紀七十年代，國民黨當局在國際外交上遭受一系列挫敗，統治臺灣的合法性與正當性開始受到黨外勢力的質疑與挑戰。他們持續不斷地發動和組織各種社會反對運動，提出「解除戒嚴」、「開放黨禁、報禁」、「廢除萬年國代、國會全面改選」等政治改革訴求，倡導在臺灣實行政權的「民主化」與「本土化」。而「民主化」與「本土化」的本質就是要求臺灣當局「放棄中國」，成為「臺灣政權」，最起碼臺灣的前途應由「住民自決」。1991年，民進黨通過「臺獨黨綱」，正式提出「獨立建國」的政治目標，並制定了「臺灣共和國憲法草案」。自此，「中華民國」與「臺灣國」這兩種不同的國家認同逐漸演變成國民黨與民進黨政治鬥爭的重要內容。為了在選舉中穩固基本盤，同時盡可能多地吸納選票，國民黨與民進黨在國家認同問題上激烈

〔註32〕 江宜樺：《自由主義、民族主義與國家認同》，揚智文化事業股份有限公司，1998 年，第 9 頁。

〔註33〕 王杰：《臺灣政治格局中的族群問題》，中央民族大學碩士論文，2010 年，第 32 頁。

對抗，並適時修正各自的政治路線。國民黨方面，李登輝當權後逐步向「臺獨」路線靠攏，先後提出了「階段性兩個中國」、「中華民國在臺灣」、「中華民國臺灣」，以及兩岸關係是「特殊兩國（中華民國與中華人民共和國）」的論述。李登輝被清除出黨後，國民黨又恢復到認同一個中國的立場上。民進黨則為了選舉的需要，開始向有條件地認同「中華民國」方面靠攏。1999 年，民進黨通過《臺灣前途決議文》，表示在堅持「臺灣是主權獨立國家」的前提下承認「中華民國」為國名，而未來則由臺灣「住民自決」。2000 年和 2004 年陳水扁當選「總統」後均按「中華民國憲法」宣誓就職。2005 年，陳水扁為解決自己不被半數選民認同的困境，提出「中華民國是臺灣」的所謂「中華民國三段論」，即中華民國在大陸、中華民國在臺灣、中華民國是臺灣，企圖將「中華民國」與「臺灣」二者等同，為島內「國家認同」分歧尋找出路。不過，由於他的「中華民國三段論」具有強烈的臺獨傾向，並未獲得多數臺灣民眾的認可。其實，通常情況下認同「中華民國」者同時也是認同中國、中國人、中華民族者，而認同「臺灣國」的人則否定中國認同，是「臺獨」主張者。二者存在著無法調和的根本性矛盾。同時，這兩種國家認同投射到兩岸關係上，則表現為「統獨之爭」。認同「中華民國」者較能接受兩岸統一的主張，分歧只在於何時以及通過何種方式統一；而認同「臺灣國」者則反對任何形式的統一，強烈抵制兩岸交流，甚至「逢中必反」，他們所在意的只是如何實現「獨立建國」。在這兩種國家認同之外還存在不少猶豫不決的人，他們主張「維持現狀」，臺灣前途未來再決定。〔註 34〕

　　臺灣四大族群在國家認同上有不同的體現。整體上看，外省人大多認同「中華民國」，支持「泛藍」陣營；而認同「臺灣國」，支持「泛綠」陣營者多為閩南人。客家人與原住民在以臺灣為主體的國家認同上多持保留和質疑態度。相對而言，他們更傾向於認同「中華民國」，支持「泛藍」。四大族群之所以形成不同的國家認同，與他們的歷史記憶、政經情勢以及政客的引導有較大關聯。

　　對於外省人，特別是第一代外省人而言，儘管操著不同的方言，甚至屬於不同的民族。但是，由於晚近才隨國民政府遷臺，他們對大陸原鄉有著無比的眷戀之情，故而，對於自我身份的選擇始終是以「中國人」為優

〔註 34〕《「族群紛爭」的背後是「省籍矛盾」與「國家認同」的對立》，《瞭望新聞周刊》，2006 年 1 月 16 日。

先，特別是在經歷了抗日戰爭的洗禮之後，他們更形成了對於自己是「中國人」的身份自覺。對他們而言，一旦臺灣「獨立」之後，在「臺灣人不是中國人、臺灣不是中國的一部分」的主張下，不僅他們的情感寄託會喪失殆盡，而且他們曾與日本侵略者浴血奮戰的價值與意義也會隨之蕩然無存。所以，他們反對臺獨最為堅決。第二代和第三代外省人與島內其他族群之間雖有較多的互動和融合，但是，緣於其家庭生活經驗，仍然保持了相對較高的中國認同。

　　閩南人由於移居臺灣歷史久遠，對大陸原鄉的情感早已淡漠，在經歷清廷割臺、日本殖民和國民黨的黨國威權統治之後，逐漸形成了「悲情心態」、「出頭天心態」、「臺灣人優秀心態」、「小國寡民心態」、「對日本的對抗與親近」、「對祖國的親切感與疏離感」等多種不同的社會心態。沉痛的歷史記憶和複雜的社會心態使閩南人難以對中國認同形成強烈的情感依戀。對於閩南人來說，改變現行不平等的政治經濟結構，重新分配社會資源是當務之急。在情感與利益的雙重驅動下，閩南人自然較為認同本土化的意識形態。雖然閩南人的本土意識並不一定等同於「臺獨」意識，但在民進黨的引導與操弄下，閩南人對於「臺灣國」的認同整體上要明顯高於其他族群。儘管「臺獨」勢力及民進黨挑撥族群問題主要是針對國民黨和外省人，而且其所謂的「本省人」名義上也包含客家人和原住民，但是由於他們認為，如果能得到大多數閩南人的支持，民進黨定能擊敗國民黨而長期執政。因此，他們在操縱族群議題時往往流露出「福佬沙文主義」，如有的政客高呼「吃臺灣米，喝臺灣水，不會說臺灣話（閩南話）的中國豬滾回去」、「臺灣話就是福佬話」，等等。此類激越言論引起了客家人和原住民的警覺與反感，迫使他們「重返各自的姆庇之家」。其實，客家人在清朝時期就因與閩南人爭奪自然資源經常發生大規模的分類械鬥而形成較深的歷史積怨。儘管隨著歲月的流失，閩客情結已大為緩解，但慘痛的歷史記憶仍存留在不少客家人的內心深處，使他們在面對閩南人時仍心存芥蒂，特別是客語和客家文化不被閩南人所尊重令他們倍感危機。對於原住民來說，明末清初到 1945 年間的歷史是一段屈辱性的歷史記憶，這種歷史記憶必然隱含著原住民對閩南人和客家人的仇恨意識。因此，這些族群心理的差異和疏離必然導致客家人、原住民和閩南人在國家認同意識方面表現出不一樣的認同取向，而且由於客家人和原住民認識到自己處於絕對少數的地位，不可能走向自我族群的「自決」，所以，他

們對閩南人所主導的「臺灣民族主義」論述和「臺獨」主張必然有所保留。
〔註 35〕

四、政黨的族群動員

如前所述，臺灣的四大族群是政治建構的結果，族群矛盾要遠比人們感觀上的原漢矛盾、閩客矛盾與省籍矛盾錯綜複雜得多。再者，經過歲月的洗禮，臺灣的族群矛盾早已緩解和消弭，不同族群的人們在日常生活中基本上沒有相處問題。然而，20 世紀九十年代以來，特別是每逢政治選舉時期，在候選人的造勢活動，以及各種媒體的報導中，人們感覺臺灣的族群問題似乎已嚴重到無以復加的地步；而在現實生活中，人們也似乎確實感受到族群問題突然在臺灣凸顯起來。筆者認為，族群問題之所以在臺灣社會中由「隱」變「顯」，究其原委，政黨與政客對族群議題的操弄恐怕是癥結所在。

20 世紀九十年代以來，隨著國民黨威權統治體制的崩潰，政黨競爭體制逐步確立。在「泛藍」與「泛綠」針鋒相對，勢均力敵的情況下，民進黨及「泛綠」陣營為了打擊對手，爭取選票，開始不遺餘力地大打「族群」牌，國民黨及「泛藍」陣營被迫回應，從而導致政治的族群化，形成了臺灣社會特有的「族群政治」。

民進黨為了煽動民眾仇視國民黨，開拓票源，對族群問題大加發揮，炮製出一套挑撥族群關係，製造對立情緒的歪理邪說。民進黨宣稱：國民黨等同於荷蘭、日本等殖民者，都是「外來政權」，一切「外來政權」都是「臺灣人」的壓迫者；國民黨在「二二八事件」以及後來的白色恐怖中殺害了許許多多的臺灣人，不讓臺灣人講母語，他們吃臺灣米，喝臺灣水卻不愛臺灣；國民黨和外省人來自中國，而中國對臺灣「武力恐嚇」，要「併吞臺灣」，在國際上「打壓臺灣」，是臺灣最大的敵人，國民黨承認一個中國就是「中共同路人」，是要「聯共賣臺」；「臺灣人」必須爭取「出頭天」，推翻「外來統治」，當家作主；臺灣人要選臺灣人，要建立新國家，實現「臺獨」才能當家作主，才能走出去，得到國際承認。顯而易見，民進黨巧妙地把臺灣的政黨競爭簡化為「國民黨＝外省人＝外來政權＝不愛臺＝聯共賣臺＝中國併吞臺灣＝臺灣人受壓迫＝兩岸統一；民進黨＝本省人＝本土政黨＝愛臺灣＝捍衛臺灣利

〔註35〕劉強：《族群結構與臺灣民眾的國家認同》，《廣州社會主義學院學報》2011
年第 3 期。

益＝反對中國併吞＝臺灣人出頭天＝公投自決」。民進黨這套理論的要害在於：它一方面把國民黨與外省人、外來壓迫、兩岸統一糅合在一起；另一方面把民進黨與本省人、臺灣利益、民主自決糅合在一起，並將兩組尖銳對立起來。這樣，民進黨和「泛綠」陣營就把自己打扮成臺灣本省人的代言人和利益捍衛者，在「道德正義」上搶佔制高點，同時將國民黨污名化。基於這套理論，每逢政治選舉時民進黨及「泛綠」陣營不是批判攻擊國民黨欺壓臺灣人，侵佔臺灣人財產，就是以叫囂「臺獨」來刺激兩岸關係，反過來以兩岸關係緊張來攻擊國民黨「聯共賣臺」，或者兩種手法交替使用，以此引誘本省籍選民仇恨大陸，反對或放棄支持國民黨及「泛藍」，從而達到選票成塊轉移至民進黨或「泛綠」陣營的政治目的。〔註36〕例如，在 2000 年臺灣地區最高領導人選舉中，呂秀蓮不斷強調，連戰、宋楚瑜都不是「正港臺灣人」，他們怎麼有資格當臺灣人的「總統」，代表臺灣去與中共談判？她呼籲選民絕不能選一個「北京的代言人」當臺灣人的「總統」。〔註37〕再如，2004 年陳水扁爭取連任「總統」時，遭遇到「國親合作、連宋配」的競爭。面對這個強勁的對手，陳水扁雖然得到極端「臺獨」勢力的鼎立支持，但受限於藍綠陣營基本盤的相對穩定，選戰從 2003 年打到 2004 年，在民調上陳水扁和呂秀蓮搭配的支持度仍低於連宋配。於是，心急如焚的「臺獨」勢力，由李登輝出面，陳水扁及民進黨中央，還有島內所有「臺獨」和親「獨」團體組織配合的形式，策劃進行了一項名為「二二八手護臺灣」的族群悲情總動員，以便為陳呂配拉抬聲勢。他們聲稱要招攬 120 萬人，由臺灣頭到臺灣尾，手牽手拉出了全程長 480 公里的人鏈，呼叫的口號是「向中國說不」、「臺灣 YES，中國 NO！」、「愛和平、反導彈、愛臺灣、要民主」、「族群大團結，牽手護臺灣」等。這次族群動員活動極大地鼓舞了「泛綠」陣營的士氣，增強了他們的向心力，同時帶有欺騙性地刺激中間選民投票支持「泛綠」。當時島內各項民調顯示，「手護臺灣」活動後陳呂配的支持度與連宋配的差距明顯縮小，甚至一度反超後者。〔註38〕2006 年，陳水扁貪腐案曝光後，前民進黨主席施明德發起「百萬人民反貪倒扁運動」。雖然運動的領導層為「泛綠」人士，但參

〔註36〕　《「臺獨」勢力和民進黨操作族群鬥爭騙取選票》，《瞭望新聞周刊》，2006 年 1 月 16 日。
〔註37〕　臺灣《聯合報》2000 年 2 月 10 日。
〔註38〕　《「臺獨」勢力和民進黨操作族群鬥爭騙取選票》，《瞭望新聞周刊》，2006 年 1 月 16 日。

加倒扁紅衫軍的群眾多是「泛藍」支持者，故而人們稱倒扁運動為「綠頭藍身」。數以萬計的紅衫軍在臺北市凱達格蘭大道與臺北車站廣場靜坐，遊行示威，對陳水扁政府造成強烈震撼。為了化解危機，陳水扁及民進黨高層開始在族群問題上大做文章。陳水扁「向人民報告」時用閩南語向泛綠支持者喊話，聲稱泛藍罷免他是「大中國主義」同「臺灣主體意識」的較量。民進黨大老游錫堃在進行族群動員時高喊「倒扁就是中國人糟蹋臺灣人，臺灣絕對不能讓紅色恐怖打倒、被糟蹋、被看輕！」「如果我們愛臺灣、守護臺灣，我們就要支持本土政權，即使泛藍打壓我們，我們一定要團結堅定。」〔註39〕在族群問題的掩飾下，陳水扁及民進黨高層將原本是貪腐與清廉的黑白之爭轉化為攸關本土與外權的藍綠對決。泛綠支持者被迅速動員起來與泛藍對抗。綠營政治人物帶著支持者鬧場，毆打靜坐者，雙方流血衝突不斷，整個社會變得空前對立。倒扁運動在民進黨煽動的藍綠群眾對峙中逐漸分崩瓦解，「風雨飄搖」中的陳水扁政府倚仗其對族群問題的操弄順利挺過難關。

民進黨在政黨競爭中利用族群問題凝聚力量，打擊異己，屢試不爽，效果甚佳。國民黨面對民進黨咄咄逼人的攻勢，被迫也拾起族群議題。例如，2004 年民進黨及泛綠發動「二二八手護臺灣」活動後，國民黨為了應付被動局面，也於同年 3 月 13 日舉辦了一場題為「心連心」的大型造勢活動，聲稱動員了近百萬人為連宋配拉抬聲勢。再如，2008 年臺灣「三合一」選舉時，面對選情的膠著，國民黨提名的新竹縣候選人邱鏡淳在選舉造勢中大喊「讓客家人自己管自己」。2011 年 11 月，馬英九在一次客家會議上為了取悅客家人，以便為翌年尋求「總統」連任奠定民意基礎，提出了八項客家政見。不過，總體而言，在族群動員方面國民黨要遠遜於民進黨。

臺灣的族群政治使得整個社會彌漫著對立情緒，甚至親朋之間、師生之間、夫婦之間、長輩與晚輩之間因為政治立場的不同而產生隔閡甚至反目，由此導致的悲劇事件也屢見不鮮。原本早已在日常生活中不存在任何影響的族群問題因政黨與政客為其一己之私而被無限誇大，給臺灣社會造成難以估量的損失和傷害。

〔註39〕《「臺獨」勢力和民進黨操作族群鬥爭騙取選票》，《瞭望新聞周刊》，2006 年 1 月 16 日。

第十一章　族群政治與兩岸關係

第一節　臺灣族群政治的特徵分析

　　臺灣的政治生態在從黨國威權轉變為藍綠對峙的過程中，黨外勢力與民進黨為了煽動民眾仇視國民黨，擴充其民意基礎，對省籍族群問題大加利用；國民黨則因內部的派系鬥爭或外在的輿論壓力也適時打起「族群」牌，結果導致在臺灣社會中早已消弭的省籍族群問題，每到公職選舉或政治敏感時期就會驟然凸顯，成為影響政局發展的重要變數，政治族群化色彩濃厚。臺灣的族群政治是在黨外勢力和民進黨反對國民黨的鬥爭中形成，具備一些與世界上其他地區族群政治顯著不同的特徵。

一、族群分野具有濃厚的政治建構色彩

　　臺灣族群政治的基礎是外省人、閩南人、客家人和原住民等「四大族群」的分野，以及他們之間所形成的省籍矛盾、閩客矛盾與原漢矛盾等「三對族群矛盾」。眾所周知，臺灣「四大族群」的劃分具有濃厚的政治建構色彩，違背了民族學的理論原則。因為在民族學意義上，臺灣只有「漢人」與「原住民」兩大族群。而如果按照更為具體的語言、宗教、民俗等文化特徵進一步區分，則臺灣的居民至少有 20 多個族群，遠不止「四大族群」。所以，無論從哪個方面來看，臺灣的「四大族群」都毫無民族學意涵。其實，「四大族群」之說雖已被臺灣民眾廣泛接受，但卻改變不了其政治建構的本質。臺灣學者對政治人物為一己之私，罔顧族群內涵，杜撰「四大族群」的做法也多有批

評。例如，石之瑜認為將臺灣居民粗略地劃分為四個族群是漢族沙文主義的表現，把福建閩南人與臺灣閩南人分成不同的族群，把廣東客家人與臺灣客家人分成不同的族群，把滿蒙回藏與漢人統稱為外省人，都甚為不妥。〔註1〕再如，張麟徵一針見血地指出，「四大族群」是國民黨統治時期「在野異議人士」提出的，有其政治目的。他們主張「臺灣人不是中國人」，創造「臺灣民族」這一概念，把省籍間的差異誇大為「族群問題」，根本目的在於獲取政治利益。〔註2〕

　　省籍矛盾、閩客矛盾與原漢矛盾等「三對族群矛盾」的歸類在很大程度上也是政治建構與演繹的結果。既然在民族學意義上臺灣只有漢人和原住民兩個族群，那麼邏輯上合理的現象是臺灣的族群矛盾只有原漢矛盾，而不存在省籍矛盾和閩客矛盾。再者，若按照文化與體質的差異將臺灣居民細分為20多個族群，族群矛盾顯然也會相應地變得錯綜複雜，其數量遠不止原漢矛盾、閩客矛盾和省籍矛盾等三對。況且，隨著時間的推移，族群矛盾在臺灣社會中早已消弭，各個族群在日常生活中並不存在相處問題。只是每逢選舉時，在政治人物與傳播媒介的大肆渲染下，族群矛盾才會突然顯得嚴重起來，其建構與演繹色彩不言而喻。

　　概而言之，臺灣「四大族群」的分野完全偏離了民族學意義，表現出一種以特殊政治歷史經驗為核心的政治學意義上的群體分化和群體認同；「三對族群矛盾」的構建則是黨外勢力與民進黨為了爭奪政治資源而進行族群動員的需要。

二、族群動員以「民主化」為政治口號

　　臺灣的族群政治在某種程度上可以說是黨外勢力與民進黨反對國民黨的政治，是臺獨勢力以推動「民主化」為幌子，謀求「獨立建國」的政治。它的產生與臺灣特殊的政治、經濟與社會環境密切相關。

　　臺灣的社會經濟在經過20世紀六七十年代的高速發展後，到八十年代初經濟總量大幅提高，產業結構發生根本性變化，社會類型基本上由傳統農業社會轉變為現代工商業社會。隨著社會的轉型和物質生活的富裕，臺灣民眾開始渴望相應地提高其政治權益，加之受世界第三波民主化浪潮的鼓舞，他

〔註1〕臺灣《中國時報》1998年10月27日。
〔註2〕張麟徵：《歧路上的臺灣》，海峽出版社，2000年，第327頁。

們對大陸籍人士始終把持中央權力部門，臺灣人只能在縣市及其以下的地方政府與民意代表機構中任職的二元政治社會結構越來越不滿，要求結束國民黨威權統治，實現民主體制的呼聲日益高漲。20 世紀七十年代，由於世界政治局勢的巨變，國民黨當局在外交上接連遭受重創，政權的合法性與正當性逐漸失去了國際支持。在內外交困的情勢下，蔣經國為了挽救前途渺茫的國民黨政權，開始推行以提拔重用臺灣地方精英和實施政權「本土化」為核心內容的「革新保臺」措施。蔣經國的政治改良為長期被嚴厲壓制的黨外反對勢力的抬頭和擴張提供了寬鬆的社會政治環境。他們或由海外潛回臺灣，或由沉寂轉為活躍，逐漸彙集成一股政治勢力，掀起向國民黨威權統治挑戰的「反對運動」浪潮。為了擴充自己的民意基礎，吸納選票，黨外勢力、民進黨以及後來形成的「泛綠」陣營都不遺餘力地大打「悲情牌」和「族群牌」。每逢選舉時，他們就刻意強化「二二八事件」的悲情回憶，指控國民黨是外來政權，維護外省人的利益，排擠和壓迫本省人。他們宣稱自己是臺灣民眾的代言人和臺灣民主化運動的領導者，要帶領臺灣人民推翻國民黨的獨裁統治，實行民主政治，使臺灣人「出頭天」，當家作主。如果民眾在公職選舉中支持民進黨及「泛綠」陣營，就是支持民主，就是「愛臺」；反之，如果支持國民黨及「泛藍」陣營，就是支持獨裁，就是「賣臺」。民進黨及「泛綠」陣營通過操弄省籍族群議題和追求所謂的「民主政治」，將臺灣民眾分割成「本省人、民主、愛臺」與「外省人、獨裁、賣臺」的二元對立架構，非此即彼，從而達到綁架臺灣民意的政治目的。其實，民進黨及「泛綠」陣營的「民主政治」只是作為族群動員的口號，在現實生活中根本無法實現。因為憑藉挑撥族群矛盾，製造族群仇恨來進行「民主化」，不是倡導社會成員和諧相處，平等協商，而是鼓勵一部分人以民主為旗號壓迫另一部分人，結果必然加深社會的分裂和社會成員間的敵對情緒。〔註3〕我們很難想像在一個充滿仇恨和恐懼的族群社會中民主政治能夠順利成型。再者，就民進黨上臺後獨斷專行、打壓異己、貪腐叢生的實際狀況來看，他們所標榜的「民主」與「清廉」只不過是騙取選票的政治口號，而非真正要為臺灣民眾謀取福祉與民主。一言以蔽之，在臺灣族群政治中，民進黨及「泛綠」陣營鼓吹「民主化」，與其說是對民主的「理性追求」，不如說是對臺灣民眾的「情感號召」。

〔註 3〕鈕漢章：《臺灣地區政治發展與對外政策》，世界知識出版社，2007 年，第 175頁。

三、民族主義與國家認同糾葛不清

　　臺灣族群政治的最大特徵在於民族主義與國家認同糾葛在一起。臺灣的閩南人與客家人多是清朝時期從閩粵沿海移居而來，他們雖在語言、習俗上存在差異，但無疑同屬華夏文明，認同中華民族。臺灣原住民不管直接來自南洋群島，還是華南大陸，都與中華民族有著千絲萬縷的關係，因為他們與中國西南地區的壯侗語族有共同的祖先。即便臺灣原住民的淵源不足以證明其與中華民族同根同祖，他們也因人數甚少，再加上經過清朝時期與漢人長期同耕共處，早已大半漢化或認同中華民族。日本殖民統治期間，儘管日本人採取各種愚民和奴化措施，想從根本上泯滅臺灣人的中華民族意識和中華文化，使他們徹底日本化，成為日本的「皇民」。但絕大多數臺灣人並未被同化，他們反對日本殖民統治的鬥爭從未間斷。〔註4〕臺灣光復後，經過國民政府「去殖民化」措施的洗禮，臺灣人對「中國」和「中華民族」的認同更加普遍和強烈。

　　20世紀八十年代，蔣經國推行本土化政策，進行政治革新後，長期被國民黨驅逐在海外的臺獨分子紛紛潛回臺灣，他們的臺獨思想也隨之在臺灣開始蔓延。臺獨思想的理論基石是「臺灣民族主義」。臺獨大佬史明對所謂的「臺灣民族」作如是詮釋：「我們臺灣人所賴以生存的臺灣社會，是在於四百年來的移民與開拓，近代化與資本主義化，以及久年的殖民地解放鬥爭的這些歷史過程裏，從華南移住過來的漢人開拓者與其後代成為主要的成員，並和原住民共同居住，而吸收它，同化它。結果，以臺灣特有的『共同地緣』和殖民地被壓迫的『共同命運』為主要因素，逐漸結成為單一、固有的統一共同體——民族，並且成員之間的共同意識也隨之發生。就是說到了二十世紀的今日，在於臺灣島內已經形成了和近代的民族概要吻合，但是和中國完全不相同的『臺灣民族』。」〔註5〕有些極端臺獨者甚至試圖從血緣上割斷臺灣人與中華民族的關係。他們宣稱，臺灣人先天地繼承印尼、葡萄牙、西班牙、荷蘭、福建、廣東以及日本人的血統，是融合了原住民、漢、日、拉丁、條頓等民族血統所形成的新民族。〔註6〕既然臺灣人不是中國人，而是一個

〔註4〕鞠海濤：《當代臺灣民眾「國家認同」透視》，《臺灣研究》2005年第3期。

〔註5〕轉引自吳奮人：《臺海非是臺海人不可》，載林佳龍主編：《民族主義與兩岸關係》，新自然主義股份有限公司，2001年，第200頁。

〔註6〕轉引自黃昭堂《戰後臺灣獨立運動與臺灣民族主義的發展》，載施正鋒編《臺灣民族主義》前衛出版社，1994年，第200頁。

現代意義上的新興民族，所以追求臺灣「獨立建國」並非數典忘祖。

臺灣民族主義主要有「新臺灣人主義」和「急獨式民族主義」兩種。前者爲李登輝所倡導的「臺灣生命共同體」，其本質在於用現代的民族觀來想像臺灣人，企盼以此來區隔中華民族，整合臺灣內部的多元族群，達到構建「臺灣民族」，爲「獨立建國」提供法理支持的政治目的。後者主張盡快更改「國號」、「國旗」、「國歌」，強化使用「臺語」，提升臺灣人的認同理念，形成對抗「中國民族主義」的「臺灣民族主義」。「急獨式民族主義」者認爲，目前臺灣居民雖然未完全凝聚成臺灣民族，但已發展成禍福與共的命運共同體，而造成臺灣民族沉淪的敵人，是外來的國民黨政權。只有讓國民黨下臺，臺灣人才能恢復民族的光榮。〔註7〕由是觀之，兩種臺灣民族主義殊途同歸，最終目的都是要使臺灣脫離中國，成爲一個主權獨立的國家。臺灣民族主義的氾濫對臺灣民眾的國家認同產生深刻影響。民調顯示，20世紀八十年代以來，儘管主張維持現狀的臺灣民眾仍然是多數，但認同臺灣爲一個國家，把臺灣與大陸視爲特殊的國與國關係的人數在不斷增加，而認同「一個中國」，主張兩岸統一的人數比例卻呈明顯的下降趨勢。〔註8〕臺灣民族主義與國家認同的糾葛不僅對兩岸關係的和平發展產生極其惡劣的影響，而且造成臺灣社會撕裂，經濟停滯，民主畸形。

四、政治族群化程度的高低與臺獨活動的強弱相吻合

就歷史發展來看，臺灣政治族群化程度的高低與「臺獨」活動的強弱基本吻合，在某種意義上說，族群政治是臺獨勢力演繹的結果。

清朝時期，閩粵沿海地區的閩南人與客家人或因天災人禍，無以爲生；或因地狹人稠，勞力富餘；或因作奸犯科，逃罪畏捕；或因追逐財富，投資營利接踵渡臺尋求土地拓墾。他們通常以「繳納番租」或「貼納番餉」的形式向原住民贌耕土地。儘管原漢雙方時而發生番租糾紛、侵墾霸耕、「番害」等零星的小衝突，但現存的民間文書及官府檔案證明和睦相處是原漢關係的主旋律。經過清朝二百餘年與漢人移民的頻繁交往，以及日本殖民時期的殘酷壓迫，迨至國民黨敗退臺灣時，生活在平原地帶的原住民早已漢化消失，只剩少數散居

〔註7〕王甫昌：《臺灣反對運動的共識動員：一九七九～一九八九年兩次挑戰高峰的比較》，《臺灣政治學刊》1996年第7期。
〔註8〕沈惠平：《當代「臺灣民族主義」淺析》，《貴州民族研究》2009年第5期。

在崇山峻嶺中的原住民依然保留本民族的文化特徵。故而,即便歷史上漢原之間存在族群矛盾也會因原住民的漢化而基本消弭。有清一代,臺灣的閩南人與客家人因爭奪土地、水源等自然資源頻繁發生大規模的分類械鬥,給雙方造成巨大的人員傷亡和財產損失,閩客族群歷史積怨甚深。日本殖民時期,面對日本人的歧視和壓迫,閩客族群開始聯合起來共同抗爭,閩客情結也隨之消融於「本島人意識」之中。「二二八事件」以及國民政府遷臺後所確立的不均等的二元政治社會結構造成外省人與本省人的隔閡,產生所謂的「省籍矛盾」。不過,在國民黨的威權統治下,人們被嚴禁在公共場合談論省籍矛盾,社會也沒有因省籍矛盾產生分裂與對立。總而言之,自國民黨遷臺至 20 世紀七十年代末,臺灣的族群矛盾並不彰顯,也沒有對政治生態造成顯著影響。

然而,20 世紀八十年代以來,隨著臺灣「民主化」與「本土化」浪潮的興起,曾遭國民黨長期壓制的臺獨勢力開始復興,並迅速發展壯大。臺獨勢力為了攻擊國民黨,提升其民意支持度,謀求「獨立建國」,肆意歪曲和利用臺灣的族群問題。他們宣稱自己是臺灣人的利益捍衛者,是民主與清廉的化身;而國民黨是外省人的代表,是獨裁與貪腐的化身。外省人通過國民黨政權來壓迫和剝削臺灣人,他們吃臺灣米,喝臺灣水卻出賣臺灣。所以,臺灣人只有團結起來,在選舉中全力支持本省候選人,推翻國民黨的統治,建立「臺灣共和國」,才能自己當家作主。臺獨勢力炮製這套歪理邪說的目的在於挑撥族群關係,製造對立情緒,進而從中漁利。國民黨迫於臺獨勢力操弄族群議題的壓力,也開始打起「族群牌」,結果使得族群問題被炒作到無以復加的地步,甚至成為選舉成敗的關鍵因素,政治的族群化現象越演愈烈。

總而言之,自 20 世紀八十年代族群議題被臺獨勢力作為政治鬥爭的工具後,臺灣政治便開始出現族群化現象,並且隨著臺獨勢力的壯大和臺獨活動的猖獗,政治族群化程度不斷提高,到 2000 年民進黨上臺後達到頂峰。不過,2008 年國民黨重新奪回政權,臺獨勢力遭遇挫折,深感「急獨」難以成功,開始有所收斂,族群議題也隨之在政治場域中有所淡化。可以說,族群問題在臺灣社會中由「隱」變「顯」,政治族群化程度的高低都與「臺獨」活動密切相關,政治的族群化是臺獨勢力推動的結果。

五、族群政治的民粹化

民粹化是臺灣族群政治的重要特徵。所謂民粹或民粹主義是相對於精英

主義、專制主義而言。牛津字典對民粹主義的解釋是「聲稱代表民眾利益的一種政治。」2000 年版的柯林斯字典的解釋是「一種基於精心預謀的訴諸民眾利益或偏見的政治策略。」〔註9〕民粹主義究其本質是一種政治策略，是政治人物出於政治需要對平民大眾進行蠱惑人心的宣傳和動員，以便對他們實施高度集中的操縱和利用。民粹主義的產生與流行總是伴隨著一種或數種政治危機，諸如政府缺乏足夠的統治能力，不能有效對付來自國內與國外的壓力；普遍的社會不公正和政治腐敗，政府的合法性極大地流失，人們對政府的信任急劇下降；政府沒有足夠的權威推行既定的制度，某種程度的政治失控使公民缺乏必要的安全感，等等。〔註10〕民粹主義強調對大眾情緒和意願的煽動和主導，而不管其是否有利於社會進步，是否符合社會發展和平民大眾的長遠利益，其活動形式通常表現為演講、遊行、抗議、罷工、靜坐、絕食等社會政治運動。〔註11〕

就民粹主義產生的條件、本質，以及活動形式來看，臺灣的族群政治完全符合其特徵。20 世紀七十年代，國民黨當局在外交上接連遭遇喪失聯合國合法席位、美日斷交等重大挫敗，國際生存空間大幅萎縮，已基本失去了「國際人格」。與此同時，島內反對勢力迅速崛起，民眾開始對國民黨政權的「合法性」與「正當性」提出質疑，要求其取消戒嚴，解除黨禁報禁，結束獨裁統治，實行民主政治的呼聲此起彼伏。國民黨政權合法性的流失、統治能力減弱，以及民眾對政府的極度不滿為民粹主義產生的創造了條件。黨外勢力挑撥族群關係，製造族群對立顯然是一種政治策略。因為臺灣居民有 80%以上是本省人，若獲得大部分本省人的鐵桿支持，就能確保在選舉中立於不敗之地。況且，本省人對國民黨政權所確立的二元政治社會結構早已憤懣不已，只要利用「省籍矛盾」，勾起他們對外省人與國民黨的仇恨，就可以輕而易舉地從中漁利，達到操控民意，吸納選票的政治目的。例如，在臺灣選戰中，閩南人聚集的臺南地區出現一個著名的口號「寧願肚子扁扁，也要選阿扁」，這便是族群政治民粹化的有力注腳。據臺灣學者統計，從 1983 年到 1988 年的五年間，臺灣先後發生 2894 起政治抗議活動，涉及到的政治議題多達 22

〔註 9〕李玲：《民進黨選舉中的族群動員研究》，首都師範大學碩士論文，2008 年，第 13 頁。
〔註10〕俞可平：《現代化進程中的民粹主義》，《戰略與管理》1997 年第 1 期。
〔註11〕馮雲波、李紹鵬：《臺灣族群政治分析》，《太平洋學報》2005 年第 2 期。

種之多，除軍人和公務員以外的幾乎所有社會成員都被捲入其中。〔註 12〕社會抗議運動的次數、種類及參與人數之多，無疑是族群政治民粹化的結果。

綜上所述，在臺獨勢力與民進黨反對國民黨的鬥爭中形成的族群政治具有族群分野有濃厚的政治建構色彩，族群動員以「民主化」爲政治口號，民族主義與國家認同糾葛不清，政治族群化程度的高低與臺獨活動的強弱相吻合，族群政治的民粹化等五個顯著特徵。政治的族群化不僅造成臺灣社會的撕裂與動盪，而且嚴重危害了兩岸關係的和平發展。

第二節　族群政治對兩岸關係的影響

臺灣的族群政治本質上是黨外勢力和民進黨以「民主化」爲幌子反對國民黨，謀取「獨立建國」的政治。它導致國家認同混亂、民主政治畸形、「臺獨」思想氾濫、民粹化嚴重，所有這些結果無不顯示其對兩岸關係的健康發展與祖國的和平統一造成不可估量的負面影響。

一、蠱惑民意與分裂中國：族群政治對兩岸關係的影響

（一）「臺獨」勢力借助族群問題分裂中國

所謂「臺獨」就是主張以臺灣及其附屬島嶼爲範圍，建立一個主權獨立的國家。雖然「臺獨」活動早在臺灣光復初期就已初現端倪，但在國民政府視「臺獨」爲「臺毒」的嚴厲打壓下，絕大部分臺獨分子被迫流亡海外，所以，在相當長的時間內「臺獨」都未能在臺灣島內形成氣候和影響。〔註 13〕1987 年，臺灣解除戒嚴，開放黨禁後，「臺獨」活動重新抬頭，隨後在李登輝的縱容和扶持，臺獨勢力開始集聚和膨脹，迅速發展成一股能夠挑戰國民黨威權統治的政治力量。

臺獨勢力與民進黨爲了對抗和抹黑國民黨，謀取「獨立建國」的政治目的，在「民主化」和「本土化」口號的掩護下，對省籍族群問題肆意發揮。他們大力宣揚國民黨是外省人的利益維護者，是壓迫和剝削臺灣本省人的獨

〔註 12〕陳建樾：《走向民粹化的族群政治——20 世紀 80 年代以來的臺灣原住民運動與原住民政策研究》，《民族研究》2004 年第 1 期。

〔註 13〕陳儀深：《臺獨主張的起源與流變》，《臺灣史研究》第 17 卷第 2 期，2010 年，第 131～169 頁。

裁者，唯有推翻國民黨的統治，把臺灣建設成一個主權獨立的現代民主國家，本省人才能真正實現當家作主。他們還借助現代民族國家的概念，建構一個全新的「臺灣民族」，以解構臺灣民眾在國民黨政權教育下所形成的中國和中華民族意識。近年來，臺灣民眾認同中國與認同臺灣的比率呈此消彼漲的態勢，便是民進黨和臺獨勢力操縱族群問題，蠱惑民意的結果。

臺獨勢力與民進黨不僅在輿論上蠱惑民眾，騙取選票，而且在行動上不遺餘力地進行撕裂族群，分裂中國的活動。他們全然不顧民族意涵，人為地將臺灣居民分為閩南人、外省人、客家人和原住民等四大族群，並在選戰中挑撥族群矛盾，煽動占臺灣人口大多數的本省人反對外省候選人，要「臺灣人選臺灣人」，進而從中漁利。2000 年民進黨上臺後推行了一系列「去中國化」措施，如全面清除「統一中國」、「復興中華文化」、「反對臺獨」等帶有「統一」標誌及象徵的標語和口號；在對外交往上大搞「臺灣正名」，去除「駐外」單位的官方標誌「中華民國國徽」，代之以梅花標誌；去除「新聞局」局徽既有的中國版圖及「中華民國國旗」，在「護照」上加注「TANWAN」字樣。民進黨當局還刻意區隔「中國文化」和「臺灣文化」，大量刪減中小學教材中關於中國歷史、地理、人文的內容，大力推行「鄉土語言」教育，以臺灣本土研發的「通用拼音」取代國際通行的「漢語拼音」。〔註 14〕臺獨勢力與民進黨以族群問題作為反對國民黨，謀取「臺獨」的重要工具所形成的族群政治，恰如余光中所言：「臺灣現在施行的政策是把人進行粗糙的分類，政治人物要贏得選票，就製造粗糙的族群矛盾，製造兩岸的衝突，以此操弄政治選舉，包括去中國化運動，執政當局像切香腸一樣把中國文化的印跡從臺灣切去。」〔註 15〕

（二）臺灣民眾對大陸的誤解和隔膜加深

國民黨敗退臺灣後，依靠其殘存的軍事力量和美國的支持，據守臺澎金馬，長期與大陸進行政治軍事對峙。在兩岸處於敵對狀況下，政治經濟文化交流幾乎完全隔絕，臺灣民眾對大陸的實際情況可謂一無所知。不僅如此，國民黨還借助建國初期中共在經濟建設方面的失誤，竭盡所能地妖魔化社會

〔註 14〕王杰：《臺灣政治格局中的族群問題研究》，中央民族大學碩士論文，2010 年，第 35～36 頁。
〔註 15〕李玲：《民進黨選舉中的族群動員研究》，首都師範大學碩士論文，2008 年，第 17 頁。

主義制度和共產黨政權，大力渲染大陸人民生活在水深火熱之中。在國民黨的長期教育與反覆宣傳下，臺灣民眾的心目中逐漸產生「恐共、仇共、反共」思想，以及祖國大陸就是獨裁、愚昧和貧窮化身的刻板印象。

　　臺獨勢力與民進黨為了煽動本省人反對國民黨和外省人，阻隔兩岸交流，聲稱國民黨是外來政權；「外省人」是「賣臺集團」和「中共同路人」；兩岸的經濟文化交流是中共的「統戰陰謀」；蠱惑臺灣民眾拒不認同「中國」和「中華民族」。他們還甚囂塵上地推行「文化臺獨」。例如，以歷史虛無主義的做法，歪曲歷史，斷章取義地論證臺灣只有 400 年歷史，自古以來就不屬於中國，是「無主之島」；論證臺灣文化是海洋文化，中國文化是大陸文化，兩者具有質的差別，臺灣文化不屬於中國文化；論證臺灣人不是中華民族的一部分，而是一個融合了原住民、漢人與日本人血統所形成的新興民族。〔註16〕對於大陸反對「臺獨」，維護統一的政策和措施，臺獨勢力與民進黨不分青紅皂白地統統將其稱為大陸打壓和欺辱臺灣，藉此激發臺灣民眾的悲情意識和仇共思想。在民進黨的操控和蠱惑下，原本就對祖國大陸的政治體制缺乏認知的臺灣民眾，根本沒有機會瞭解大陸「和平統一」的誠意和「一國兩制」的科學性與合理性，儘管他們多數依然主張維持現狀，但認同自己是中國人，贊同兩岸統一的人數卻明顯減少，對大陸的誤解和隔膜也較先前大為加深。臺灣政治大學選舉研究中心所做的關於不同省籍臺灣民眾的國家認同在 1993 ～2003 年這十年間的變化軌跡可為明證。〔註17〕

表十二：族群與國家認同調查表（1993～2003）

選　　項		1993	1995	1996	1998	2000	2002	2003
外省人	臺灣人	2.5	8.6	6.5	13.8	8.1	13.4	17
	都是	47.6	47.5	47.6	56.9	64.3	63.2	55.2
	中國人	50	43.5	45.4	30.3	27.5	23	27.8
閩南人	臺灣人	26.4	29.3	32.9	41.6	37.9	45.4	49.6
	都是	49.2	50.7	50.3	45.2	55.1	47.2	43.3
	中國人	23.4	20.1	17.8	13.2	7.1	6.5	6.8

〔註16〕李道湘：《「文化臺獨」理論及其批判》，《中央社會主義學院學報》2003 年第 6 期。
〔註17〕彭維學：《「臺獨」的社會基礎》，九州出版社，2008 年，第 164 頁。

選　　項		1993	1995	1996	1998	2000	2002	2003
客家人	臺灣人	12.1	20.5	37.9	37.9	25.1	30.2	37.8
	都是	54.8	51.2	44.7	44.7	65.8	54.1	51.8
	中國人	32.9	28.3	17.2	17.2	9.1	15.7	10.4
原住民	臺灣人	7.1	21.8	32.6	32.6	62.2	40.7	58.5
	都是	53.2	53.3	44.4	44.4	37.1	45.1	28.1
	中國人	38.8	23.9	23.1	23.1	—	14.2	13.3

（三）政治民粹化嚴重阻礙兩岸的經濟文化交流

民粹化是指追逐權力的政治人物對平民大眾進行蠱惑人心的宣傳和鼓動，以便對他們實施高度集中的操縱和利用，從而實現自己政治抱負的策略。臺灣的族群政治具有鮮明的民粹化特徵。臺獨勢力和民進黨爲了實現其「獨立建國」的政治目的，利用本省人對國民黨政權所確立的二元政治社會結構的不滿，挑撥原本在臺灣社會中早已消弭的「省籍矛盾」，誘發「統獨之爭」，結果造成族群對立，社會撕裂，民粹化現象嚴重。每逢政治選舉時，民眾因國家認同的差異，或支持不同陣營的候選人而鬧翻的事情屢見不鮮，甚至夫妻反目、兄弟翻臉。有的夫妻出了門，各選各的「顏色」，回到家，床上也畫上「楚河漢界」。2004 年臺灣「總統」選舉時，臺中有兩兄弟共住四合院，選前插了藍綠兩種旗，壁壘分明，兄弟倆避不見面；選後，旗子被哥哥全換成綠色的，弟弟則乾脆離家北上，加入泛藍陣營的抗議行動。〔註 18〕政治的民粹化不僅撕裂了臺灣社會，而且對兩岸關係的和平發展造成巨大危害。因爲經過政客的煽動和蠱惑，有相當數量的臺灣民眾在國家認同與兩岸關係上已基本喪失理性，他們要求人們必須在「中國」與「臺灣」，「獨立」與「統一」中明確表態，非此即彼。假如有人認同中國，贊同統一，甚至主張兩岸應正常交往，都會被反對者視爲「賣臺」。在民粹化的背景下，即便有人心裏贊同兩岸進行正常的經濟文化交流也不敢公開表達，因爲怕被扣帽子，抓辮子，打棍子。相反，如果極力阻礙兩岸往來，甚至「逢中必反」，就會被視爲「愛臺」，就會獲得多數有臺獨傾向者的支持，就有可能贏得選舉。在民進黨當政期間，儘管大陸經濟已蓬勃發展，兩岸的經濟互補性強，依存度高，但當局

〔註18〕 李玲：《民進黨選舉中的族群動員研究》，首都師範大學碩士論文，2008 年，第 16 頁。

依然罔顧現實地推動以東南亞國家為對外投資和貿易重點地區的「南向政策」，極力阻擾兩岸的經濟文化交流。可以說，民進黨拒絕與大陸往來，阻隔兩岸的經濟文化交流在某種程度上是政治民粹化的結果。

二、保持威懾與加強交流：化解族群政治消極影響的措施

族群政治加深了臺灣民眾對大陸的誤解和隔膜，分化和瓦解了他們的中國與中華民族意識，阻礙了兩岸的經濟文化交流，造成兩岸關係持續緊張。這些影響在短時間內恐難以消除，因為臺獨思想在臺灣尚未根除，臺獨勢力和民進黨慣用族群問題蠱惑民意，激化兩岸關係的伎倆也並未放棄。筆者認為，要化解族群政治的消極影響，實現兩岸關係的健康發展，乃至最終走向統一，切不可操之過急，更不能制定一個嚴格的時間表，而應理智冷靜，循序漸進地做好以下三方面的工作。

（一）保持對「臺獨」的「積極遏制，理性應對」

毋庸置疑，臺獨勢力和民進黨企圖將臺灣從中國分裂出去的行為決不可姑息，必須對其保持強大威懾和嚴厲遏制態勢。但我們也不能輕易對他們挑釁性的言行立即做出嚴正回應，而應冷靜分析，沉著應對。眾所周知，臺獨勢力和民進黨經常用深具臺獨意味的言行來刺激大陸，而一旦大陸做出嚴厲回應，他們便大肆渲染大陸是如何打壓臺灣，如何欺辱臺灣民眾，以此來激發臺灣民眾的悲情意識，騙取他們的支持。例如，1996 年臺海危機和 1999 年「李登輝兩國論」期間，兩岸關係急劇惡化，陷入異常緊張的局面。當時的民調顯示，支持和贊同臺獨的民眾比例顯著上昇，但事件平息後不久，臺獨支持率又逐漸恢復到正常值。〔註 19〕臺獨勢力和民進黨通過故意挑釁大陸，激化兩岸關係來博取臺灣民眾支持的效果由此可見一斑。故而，為了使臺獨勢力和民進黨的伎倆無法施行，大陸應在保持必要的武力威懾情況下，沉著理智地處理各種具有臺獨傾向的事件，任何時候都不跟著臺獨分子的指揮棒起舞，不干涉臺灣島內的政治選舉，不給他們以攻擊大陸的口實，盡可能使兩岸關係始終朝著有利於雙方互利互信、有利於國家統一的方向發展。

〔註 19〕盛杏湲：《統獨議題與臺灣民眾的投票行為：1990 年代的分析》，《選舉研究》第 9 卷 1 期，2002 年，第 42 頁。

（二）加強兩岸的經濟文化交流

臺灣的閩南人與客家人是清朝時期閩粵沿海移民的後裔，他們的語言、宗教信仰、風俗習慣與大陸的閩南人與客家人並無二致。文化的同源性爲兩岸的交流提供了條件和便利。例如，臺灣的媽祖信仰起源於福建莆田的湄洲灣，三山國王信仰是源於廣東的潮州。我們不妨就宗教信仰問題與臺灣民眾展開多層次、高頻率的交流活動，以消除他們對大陸的隔閡，增進共識。

改革開放以來，兩岸的經濟交流合作保持著良好的發展態勢。臺商到大陸的投資無論項目數量還是資金額度都增長迅猛，日新月異。例如，據大陸方面統計，1989 年，臺商對大陸投資項目計 540 個，協議金額 5.5 億美元；1992～1994 年三年間，臺商對大陸投資項目計 2.3 萬家，協議金額 200 多億美元；2000～2002 年，大陸批准臺商投資項目合計 12131 個，協議臺資金額 176.3 億美元。〔註20〕近年來，隨著大陸經濟的崛起，大陸企業到臺灣投資，大陸民眾赴臺旅遊開始逐年增長。例如，2009～2012 年，有 126 家大陸企業在臺灣設立了公司和代表機構，涵蓋批發零售、物流、通訊、餐飲、旅遊、金融等多個行業。2008 年 7 月，大陸居民實現赴臺旅遊以來，大陸 31 個省、自治區、直轄市已全部開放赴臺灣團隊旅遊業務。大陸居民赴臺個人旅遊也於 2011 年 6 月正式啓動。據臺灣官方統計，截至 2012 年 6 月底，大陸居民赴臺旅遊總人數達 466 萬人次，爲臺灣帶來 2022 億新臺幣的收益。〔註21〕由此可見，目前兩岸已形成了全方位、寬領域、多層次的經貿合作格局。我們應繼續向臺灣提供優惠政策，深化兩岸的經濟交流合作，力求實現優勢互補，互利共贏，以增強兩岸民眾的經濟實力和凝聚力。

（三）促進兩岸民眾互敬互知

兩岸長期處於隔絕狀態，加之雙方的政治體制與意識形態存在較大差異，這就導致兩岸人民的政治觀與價值觀必然有所不同，誤解和隔膜在所難免，而要化解臺灣民眾對大陸的誤解和隔膜，唯有促進他們對大陸的認知。據筆者所知，絕大部分具有臺獨傾向的臺灣民眾都從未來過大陸，在他們的心目中大陸依然貧窮落後，基礎設施差，公民素質低。然而，凡是來過大陸

〔註20〕 羅仲偉：《臺商大陸投資現狀及發展趨勢》，引自 .www.huaxia.com/sw/rdgcwz，2007－09－19.

〔註21〕 蔣耀平：《四年來兩岸經貿關係的回顧與對未來的展望》，《商場現代化》2012 年 12 月（中旬刊）。

的臺灣民眾都基本上徹底改變了對大陸的刻板印象，多數人也因此放棄了臺獨思想。所以，我們應想方設法為臺灣民眾，特別年青人提供來大陸參觀、學習的機會，以促進他們深入瞭解大陸的實際狀況，贏得他們對大陸的好感。此外，對於臺灣民眾所謂的「臺灣意識」不能輕易地視其為「臺獨意識」，而應給予必要的尊重和理解，畢竟臺灣自割讓日本起，兩岸隔絕至今已逾百年，隔膜在所難免。只要兩岸民眾能夠長期而頻繁地互相往來，任何誤解和隔膜都會隨著時間的流逝而消失，兩岸關係也必將走上健康發展的軌道，並最終實現和平統一。

參考文獻

一、地方志、檔案史料與明清時人著作

1. 沈有容：《閩海贈言》，臺灣文獻叢刊第 56 種，臺北：臺灣銀行經濟研究室，1959 年版。

2. 何喬遠：《閩書》，福州：福建人民出版社，1999 年版。

3. 郁永河：《裨海紀遊》，臺灣文獻叢刊第 44 種，臺北：臺灣銀行經濟研究室，1959 年版。

4. 周璽：《彰化縣志》，臺灣文獻叢刊第 156 種，臺北：臺灣銀行經濟研究室，1962 年版。

5. 不著撰者：《臺灣輿地彙鈔》，臺灣文獻叢刊第 216 種，臺北：臺灣銀行經濟研究室，1965 年版。

6. 陳英：《臺東州採訪冊》，臺灣文獻叢刊第 81 種，臺北：臺灣銀行經濟研究室，1960 年版。

7. 沈葆楨：《福建臺灣奏摺》，臺灣文獻叢刊第 29 種，臺北：臺灣銀行經濟研究室，1959 年版。

8. 鄧傳安：《蠡測彙鈔》，臺灣文獻叢刊第 9 種，臺北：臺灣銀行經濟研究室，1958 年版。

9. 臺灣省文獻委員會：《臺灣省通志》，臺北：眾文圖書股份有限公司，1980 年版。

10. 莊英章：《臺灣平埔族研究書目彙編》，臺北：中央研究院臺灣史田野研究室，1988 年版。

11. 中國檔案彙編：《明清史料》（戊編），臺北：中央研究院歷史語言研究所，1953 年版。

12. 魯鼎梅：《臺灣縣志》，乾隆刻本。

13. 周鍾瑄：《諸羅縣志》，臺灣文獻叢刊第 141 種，臺北：臺灣銀行經濟研究室，1962 年版。

14. 黃叔璥：《臺海使槎錄》，臺灣文獻叢刊第 4 種，臺北：臺灣銀行經濟研究室，1957 年版。

15. 林豪：《東瀛紀事》，臺灣文獻叢刊第 8 種，臺北：臺灣銀行經濟研究室，1957 年版。

16. 六十七：《番社采風圖考》，臺灣文獻叢刊第 90 種，臺北：臺灣銀行經濟研究室，1962 年版。

17. 傅恒：《皇清職貢圖》，瀋陽：遼瀋書社，1991 年版。

18. 丁宗洛編著：《陳清端公年譜》，臺灣文獻叢刊第 207 種，臺灣銀行經濟研究室，1964 年版。

19. 董天工：《臺海見聞錄》，臺灣文獻叢刊第 129 種，臺北：臺灣銀行經濟研究室，1961 年版。

20. 朱景英：《海東札記》，臺灣文獻叢刊第 19 種，臺北：臺灣銀行經濟研究室，1958 年版。

21. 丁紹儀：《東瀛識略》，臺灣文獻叢刊第 2 種，臺北：臺灣銀行經濟研究室，1957 年版。

22. 郭輝中譯：《巴達維亞城日記》，臺中：臺灣省文獻委員會，1970 年版。

23. 陳文達：《鳳山縣志》，臺灣文獻叢刊第 124 種，臺北：臺灣銀行經濟研究室，1961 年版。

24. 王瑛曾：《重修鳳山縣志》，臺灣文獻叢刊第 146 種，臺北：臺灣銀行經濟研究室，1962 年版。

25. 唐贊袞：《臺陽見聞錄》，臺灣文獻叢刊第 30 種，臺北：臺灣銀行經濟研究室，1958 年版。

26. 王必昌：《重修臺灣縣志》，臺灣文獻叢刊第 113 種，臺北：臺灣銀行經濟研究室，1961 年版。

27. 吳子光：《一肚皮集》，臺北：龍文出版社，2001 年版。

28. 蔣毓英：《臺灣府志》，北京：中華書局，1985 年版。

29. 周元文：《重修臺灣府志》，臺灣歷史文獻叢刊第 66 種，臺北：臺灣銀行經濟研究室，1960 年版。

30. 村上直次郎：《新港文書》，臺北：捷幼出版社，1995 年版。

31. 曾振名、童元昭：《噶瑪蘭西拉雅古文書》，國立臺灣大學人類學系藏品資料彙編五，國立臺灣大學人類學系，1999 年版。

32. 劉良璧：《重修福建臺灣府志》，臺灣文獻叢刊第 74 種，臺北：臺灣銀行經濟研究室，1961 年版。

33. 不著撰者：《清代臺灣大租調查書》，臺灣文獻叢刊第 152 種，臺北：臺灣銀行經濟研究室，1963 年版。

34. 盛清沂：《臺北縣志》，臺北：臺北縣文獻委員會，1960 年版。

35. 桃園廳：《桃園廳志》，臺北：成文出版社影印，1985 年版。

36. 黃旺成：《臺灣省新竹縣志》，新竹：新竹縣文獻委員會，1976 年版。

37. 不著撰者：《臺灣省苗栗縣志》，苗栗：苗栗縣文獻委員會，1960 年版。

38. 王凱泰：《福建通志臺灣府》，臺灣文獻叢刊第 84 種，臺北：臺灣銀濟研究室，1960 年版。

39. 不著撰者：《臺案匯錄甲集》，臺灣文獻叢刊第 31 種，臺北：臺灣銀濟研究室，1959 年版。

40. 不著撰者：《清會典臺灣事例》，臺灣文獻叢刊第 226 種，臺北：臺灣銀行經濟研究室，1966 年版。

41. 范咸：《重修臺灣府志》，臺灣文獻叢刊第 105 種，臺北：臺灣銀行經濟研究室，1961 年版。

42. 陳璸：《陳清端公文選》，臺灣文獻叢刊第 116 種，臺北：臺灣銀行經濟研究室，1961 年版。

43. 不著撰者：《臺灣中部地方文獻資料》，《臺灣文獻》，第 34 卷第 1～4 期。

44. 陳培桂：《淡水廳志》，臺灣文獻叢刊第 172 種，臺北：臺灣銀行經濟研究室，1963 年版。

45. 陳盛韶：《問俗錄》，北京：書目文獻出版社，1983 年版。

46. 高育仁：《明清臺灣碑碣選集》，臺中：臺灣省文獻委員會，1980 年版。

47. 劉枝萬：《臺灣中部碑文集成》，臺灣文獻叢刊第 151 種，臺北：臺灣銀行經濟研究室，1962 年版。

48. 藍鼎元：《東征集》，臺灣文獻叢刊第 12 種，臺北：臺灣銀行經濟研究室，1958 年版。

49. 不著撰者：《清高宗實錄選輯》，臺灣文獻叢刊第 186 種，臺北：臺灣銀行經濟研究室，1964 年版。

50. 臺灣國學文獻館：《臺灣研究資料彙編》，臺北：聯經出版社，1993 年版。

51. 不著撰者：《清奏疏選匯》，臺灣文獻叢刊第 256 種，臺北：臺灣銀行經濟研究室，1968 年版。

52. 不著撰者：《臺灣私法物權編》，臺灣文獻叢刊 150 種，臺北：臺灣銀行經濟研究室，1963 年版。

53. 姚瑩：《中復堂選集》，臺灣文獻叢刊第 83 種，臺北：臺灣銀行經濟研究室，1960 年版。

54. 何培夫編：《臺灣地區現存碑碣圖志·高雄市、高雄縣篇》，臺北市：臺灣分館，1995 年版。

55. 陳淑均：《噶瑪蘭廳志》，臺灣文獻叢刊第 160 種，臺北：臺灣銀行經濟研究室，1963 年版。

56. 余文儀：《續修臺灣府志》，臺灣文獻叢刊第 121 種，臺北：臺灣銀行經濟研究室，1962 年版。

57. 姚瑩：《東槎紀略》，臺灣文獻叢刊第 7 種，臺北：臺灣銀行經濟研究室，1957 年版。

58. 柯培元：《噶瑪蘭志略》，臺灣文獻叢刊第 92 種，臺北：臺灣銀行經濟研究室，1961 年版。

59. 邱水金編：《宜蘭古文書》（4），宜蘭：宜蘭縣立文化中心，1996 年版。

60. 夏獻論：《臺灣輿圖》，臺灣文獻叢刊第 45 種，臺北：臺灣銀行經濟研究室，1959 年版。

61. 駱香林主修：《花蓮縣志稿》，花蓮：花蓮縣文獻委員會，1959 年版。

62. 丁日健：《治臺必告錄》，臺灣文獻叢刊第 17 種，臺北：臺灣銀行經濟研究室，1958 年版。

63. 王雲五：《道咸同光四朝奏議》（七），臺北：臺灣商務印書館，1960 年版。

64. 劉枝萬：《南投文獻叢輯》（六），南投：南投文獻委員會，1987 年版。

65. 周凱：《內自訟齋文選》，臺灣文獻叢刊第 82 種，臺北：臺灣銀行經濟研究室，1960 年版。

66. 倪贊元：《雲林縣採訪冊》，臺灣文獻叢刊第 37 種，臺北：臺灣銀行經濟研究室，1959 年版。

67. 臺灣銀行經濟研究室編：《雍正硃批奏摺選輯》，臺北：大通書局，1984 年版。

68. 《欽定大清會典事例》，嘉慶二十五年刻本。

69. 江日升：《臺灣外記》，上海：上海古籍出版社，1994 年版。

70. 黃典權：《臺灣南部碑文集成》，臺灣文獻叢刊第 218 種，臺北：臺灣經濟銀行研究室，1966 年版。

71. 《清宣宗實錄》，道光八年正月癸亥。

72. 洪敏麟：《臺灣省通志》，臺中：臺灣省文獻委員會，1972 年版。

73. 波越重之：《新竹廳志》，新竹：新竹廳總務課，1906 年版。

74. 藍鼎元：《平臺紀略》，臺灣文獻叢書第 14 種，臺北：臺灣銀行經濟研究室，1958 年版。

75. 丁日昌：《丁中丞（日昌）政書》，臺北：文海出版社，1983 年版。

76. 高拱乾：《臺灣府志》，臺灣文獻叢刊第 65 種，臺北：臺灣銀行經濟研究室，1960 年版。

77. 盧德嘉：《鳳山縣採訪冊》，臺灣文獻叢刊第 73 種，臺北：臺灣銀行經濟研究室，1960 年版。

78. 不著撰者：《清經世文編選錄》，臺灣文獻叢刊第 229 種，臺北：臺灣銀行經濟研究室，1966 年版。

79. 黃存厚：《臺灣二二八事變始末記》，國防部掃蕩周報社，1947 年版。

80. 陳國瑛：《臺灣採訪冊》，臺灣文獻叢刊第 55 種，臺北：臺灣銀行經濟研究室，1959 年版。

81. 洪葉生：《寄鶴齋選集》，臺北：臺灣大通書局，1987 年版。

82. 劉澤民：《平埔百社古文書》，臺北：國史館臺灣文獻館，2002 年版。

83. 陳朝龍，鄭鵬云：《新竹縣採訪冊》，臺灣文獻叢刊第 145 種，臺北：臺灣銀行經濟研究室，1962 年版。

84. 藍鼎元撰，蔣炳釗、王鈿點校：《鹿洲全集》，廈門：廈門大學出版社，1995 年版。

85. 楊英：《先王實錄校注》，福州：福建人民出版社，1981 年版。

86. 陳文達：《臺灣縣志》，臺灣文獻叢刊第 103 種，臺北：臺灣銀行經濟研究室，1961 年版。

87. 苗允豐：《花蓮縣志》，花蓮：花蓮縣政府，1974 年版。

88. 沈茂蔭：《苗栗縣志》，苗栗：苗栗縣文獻委員會，1953 年版。

89. 黃拓榮：《臺東縣志》，臺北：成文出版社，1983 年版。

90. 朱士玠：《小琉球漫志》，臺灣文獻叢刊第 3 種，臺北：臺灣銀行經濟研究室，1957 年。

二、學術專著

1. 郭志超：《閩臺民族史辯》，合肥：黃山書社，2006 年版。

2. 張隆志：《族群關係與鄉村臺灣——一個清代臺灣平埔族群史的重建和理解》，臺北：國立臺灣大學出版委員會，1991 年版。

3. 伊能嘉矩著，楊南郡譯：《平埔族調查旅行——伊能嘉矩（臺灣通信）選集》，臺北：臺灣遠流出版事業股份有限公司，1996 年版。

4. 張耀錡：《平埔族社名對照表》，臺北：臺灣省文獻委員會，1951 年版。

5. 衛惠林：《埔里巴宰七社志》，臺北：民族所專刊甲種之 27，1981 年版。

6. 謝世忠：《認同的污名：臺灣原住民的族群變遷》，臺北：自立晚報社，1987 年版。

7. 潘英：《臺灣平埔族史》，臺北：南天書局，1996 年版。

8. 詹素娟、張素玢：《北臺灣平埔族群史》，南投：臺灣省文獻委員會，2001年版。

9. 邱正略：《清代臺灣中部平埔族遷徙拓墾埔里之研究》，東海大學史研所碩士論文，1992年。

10. 潘繼道：《清代臺灣後山平埔族移民之研究》，臺北：稻鄉出版社，2001年版。

11. 卓淑娟：《清代臺灣中部漢番關係之研究》，東海大學歷史所碩士論文，1988年。

12. 宋增璋：《臺灣撫墾志》，臺中：臺灣省文獻委員會，1980年版。

13. 簡炯仁：《屏東平原開發與族群關係》，屏東：屏東縣立文化中心，1999年版。

14. 簡炯仁：《臺灣開發與族群》，臺北：前衛出版社，1995年版。

15. 鈴木滿男：《漢蕃合成家族の形成と展開》，山口大學人文學部，1988年版。

16. 羅春寒：《清代臺灣平埔族文化變遷之研究》，中央民族大學博士學位論文，2005年。

17. John R Shepherd, Plain Aborigines and Chinese Settlers on the Taiwan Frontier in the Seventeenth and Eighteenth Centuries, Stanford University, 1981.

18. 柯志明：《番頭家：清代臺灣族群政治與熟番地權》，臺北：中央研究院社會學研究所，2001年版。

19. 潘英：《臺灣原住民的歷史源流》，臺北：臺原出版社，1998年版。

20. 伊能嘉矩：《臺灣文化志》（中譯本），臺中：臺灣省文獻委員會，1985年版。

21. 陳國強等：《高山族史研究》，廈門：中國人類學學會編印，1999年。

22. 張茂桂主編：《族群關係與國家認同》，臺北：業強出版社，1993年版。

23. 李壬癸：《臺灣南島語民族的遷移史》，臺北：常民文化出版社，1997年版。

24. 林修澈：《原住民的民族認定》，臺北：立華出版有限公司，2001年版。

25. 李壬癸：《臺灣平埔族的歷史與互動》，臺北：常民文化事業股份有限公司，1998年版。

26. 卓宏祺：《清代臺灣理番政策之研究》，國立政治大學邊政研究所碩士論文，1988年。

27. 吳梨華：《從文獻資料解讀清代臺灣平埔族的社會文化》，國立臺南師範學院臺灣文化研究所碩士論文，2004年。

28. 阮昌銳：《大港口的阿美族》，中央研究院民族學研究所專刊之 18，1969年版。

29. 林仁川、黃耀才：《閩臺文化交融史》，福州：福建教育出版社，1997年版。

30. 陳孔立：《清代臺灣移民社會研究》，北京：九州出版社，2003年版。

31. 陳支平：《福建六大民系》，福州：福建人民出版社，2000年版。

32. 陳孔立：《臺灣歷史綱要》，北京：九洲圖書出版社，1996年版。

33. 葛劍雄主編：《中國移民史》，福州：福建人民出版社，1997年版。

34. 連橫：《臺灣通史》，北京：商務印書館，1983年版。

35. 謝重光：《佘族與客家福佬關係史略》，福州：福建人民出版社，2002年版。

36. 余光弘：《清代班兵與移民：澎湖個案研究》，臺北：稻鄉出版社，1997年版。

37. 戴炎輝：《清代臺灣之鄉治》，臺北：聯經出版事業股份有限公司，1992年版。

38. 王育傑：《清代平埔族與漢人土地轉移關係之研究》，中國文化大學民族與華僑研究所碩士論文，1987年。

39. 陳炎正：《臺中縣大甲溪流域開發史》，臺中：臺中縣立文化中心，1989年版。

40. 潘英：《臺灣拓殖史及其族姓分佈研究》，臺北：南天書局，1990年版。

41. 黃瓊慧：《屏北地區的聚落形態、維生活動與社會組織》，國立臺灣師範大學地理學研究所碩士論文，1996年。

42. 張福壽：《樹林鄉土志》，樹林：樹林信利購販組合，1938年版。

43. 洪敏麟：《臺灣舊地名之沿革》，臺中：臺灣省文獻委員會，1984年版。

44. 劉慧眞：《清代苗栗地區之族群關係》，國立臺灣師範大學歷史研究所碩士論文，1994年。

45. 黃鼎松：《苗栗開拓史話》，苗栗：苗栗縣立文化中心，1991年版。

46. 呂榮泉：《苗栗縣地名探源》，苗栗：苗栗縣政府教育廳，1980年版。

47. 溫振華：《大茅埔開發史》，臺中：臺中縣立文化中心，1999年版。

48. 溫吉（編譯）：《臺灣番政志》，臺中：臺灣省文獻委員會，1957年版。

49. 陳炎正：《臺中縣岸里社開發史》，臺中：臺中縣立文化中心，1986年版。

50. 潘大和：《平埔巴宰族滄桑史》，臺北：南天書局，1998年版。

51. 洪敏麟：《草屯鎮志》，草屯：草屯鎮志編纂委員會，1986年版。

52. 方豪：《方豪六十自定稿》，臺北：學生書局，1969年版。

53. 黃煥堯：《清代臺灣番人與地方治安之關係——義番與番患之研究》，臺北：文化史學所碩士論文，1985 年。

54. 森醜之助：《臺灣蕃族志》，臨時臺灣舊慣調查會，1917 年版。

55. 藤崎濟之助：《臺灣の蕃族》，東京：國史刊行會，1930 年版。

56. 廖風德：《清代之噶瑪蘭》，臺北：正中書局，1990 年版。

57. 施添福：《蘭陽平原的傳統聚落——理論架構與基本資料》，宜蘭：宜蘭縣立文化中心，1996 年版。

58. 吳新榮：《南臺灣采風錄》，臺北：遠景出版公司，1981 年版。

59. 溫振華：《臺中縣大甲溪流域開發史》，臺中：臺中縣立文化中心，1989 年版。

60. 安倍明義：《臺灣地名研究》，蕃語研究會，1938 年版。

61. 施正鋒：《臺灣人的民族認同》，臺北：前衛出版社，2000 年版。

62. 森醜之助著，楊南郡譯注：《生蕃行腳》，臺北：遠流出版事業股份有限公司，2000 年版。

63. 劉斌雄：《秀姑巒阿美族的社會組織》，臺北：中央研究院民族學研究所專刊之八，1965 年。

64. 丘其謙：《布農族卡社群的社會組織》，臺北：中央研究院民族學研究所專刊之七，1966 年。

65. 陳國鈞：《臺灣東部山地民族》，臺北：中央文物供應社，1956 年版。

66. 程大學：《臺灣開發史》，臺北：臺灣省政府新聞處，1986 年版。

67. 謝世忠：《族群人類學的宏觀探索：臺灣原住民論集》，臺北：國立臺灣大學出版中心，2004 年版。

68. 施正鋒：《臺灣政治建構》，臺北：前衛出版社，1999 年版。

69. 宋光宇：《人類學導論》，臺北：桂冠圖書公司，1979 年版。

70. 柯尼格著，朱岑樓譯：《社會學》，臺北：協志出版社，1963 年版。

71. 林偉盛：《羅漢腳：清代臺灣社會與分類械鬥》，臺北：自立晚報社，1993 年版。

72. 鹿子木小五郎：《臺東廳管內視察覆命書》，臺北：成文出版社，1985 年版。

73. 劉枝萬：《南投縣沿革志開發篇稿》，南投：南投縣文獻委員會，1958 年版。

74. 蕭新煌等：《臺灣客家族群史》（政治篇），臺北：臺灣省文獻委員會，2001 年版。

75. 鈴木清一郎：《臺灣舊慣——冠婚喪祭と年中行事》，臺北：臺灣日日新報社，1934 年版。

76. 畢其林著，吳明遠譯：《老臺灣》，臺北：臺灣銀行經濟研究室，1959年版。

77. 陳進傳：《清代噶瑪蘭古碑之研究》，彰化：左羊出版社，1989年版。

78. 簡炯仁：《高雄縣岡山地區的開發與族群關係》，臺北：行政院文化建設委員會，2002年版。

79. 伊能嘉矩：《臺灣蕃政志》，臺北：總督府殖產局，1904年版。

80. 林文龍：《臺灣中部的開發》，臺北：常民文化事業股份有限公司，1998年版。

81. 簡炯仁：《臺灣開發與族群》，臺北：前衛出版社，1995年版。

82. 簡炯仁：《屏東平原的開發與族群關係》，屏東：屏東縣立文化中心，1999年版。

83. 徐正光等：《臺灣客家族群史》（社會篇），臺北：國史館臺灣文獻館，2003年版。

84. 勁雨：《臺灣事變真相與內幕》，上海：建設書局，1947年版。

85. 馬戎：《西方民族社會學的理論與方法》，天津：天津人民出版社，1997年版。

86. 張維安主編：《多元族群與客家——臺灣客家運動20年》，臺北：臺灣客家研究學會，2008年版。

87. 王明珂：《華夏邊緣：歷史記憶與族群認同》，臺北：允晨文化實業股份有限公司，1997年版。

88. 王杰：《臺灣政治格局中的族群問題研究》，中央民族大學碩士論文，2010年。

89. 吳介民：《政體轉型期的社會抗議——臺灣一九八〇年代》，國立臺灣大學政治研究所碩士論文，1990年。

90. 江南：《蔣經國傳》，北京：中國友誼出版公司，1993年版。

91. 黃鈴華：《臺灣原住民族運動的國會路線》，臺北：財團法人國家發展文教基金會，2005年版。

92. 蔡明哲等：《臺灣原住民史：都市原住民史篇》，臺北：臺灣文獻委員會，2001年版。

93. 郭中軍：《臺灣民主轉型中的民粹主義》，復旦大學博士論文，2006年。

94. 鞠海濤：《民進黨社會基礎研究》，北京：九州出版社，2004年版。

95. 曾金玉：《臺灣客家運動之研究（1987～2000）》，臺灣師範大學公民訓育研究所博士論文，2000年。

96. 劉惠玲：《臺灣客家文化運動與族群建構之研究》，東吳大學社會學系碩士論文，2005年。

97. 孫俐俐：《臺灣地區政黨體制的演變》，中共中央黨校博士論文，2009 年。

98. 黃嘉樹：《國民黨在臺灣 1945～1988》，海口：南海出版公司，1991 年版。

99. 李雪松：《中國國民黨退臺後的三次「改造」及其對臺灣政治的影響》，東北師範大學博士學位論文，2008 年。

100. 張茂桂等：《族群政治與政策》，臺北：前衛出版社，1997 年版。

101. 蔡泉水：《我國臺灣地區政黨制度的嬗變研究》，廣西民族大學碩士論文，2005 年。

102. 茅家琦、徐梁伯：《中國國民黨史》，廈門：鷺江出版社，2005 年版。

103. 史衛民：《解讀臺灣選舉》，北京：九州出版社，2007 年版。

104. 楊永生：《臺灣政治轉型原因研究》，首都師範大學碩士論文，2004 年。

105. 李哲超：《蔣經國時期臺灣「政治革新」研究》，首都師範大學碩士論文，2008 年。

106. 潘越：《從國民黨解除黨禁看臺灣政治轉型》，東北師範大學碩士論文，2003 年。

107. 王海洋：《情境變遷、精英選擇與臺灣政黨體制轉型研究》，華中師範大學碩士論文，2011 年。

108. 施正鋒：《族群與民族主義——集體認同的政治分析》，臺北：前衛出版社，1998 年版。

109. 楊弘娟：《高雄市選民投票抉擇因素之研究——2006 年第四屆高雄市長選舉個案》，國立中山大學政治學研究所碩士論文，2008 年。

110. 陳柏瑋：《臺北市、高雄市選民的政黨偏好差異：以 2002 年北、高兩市市長選舉為例》，國立中正大學政治學系暨研究所碩士論文，2005 年。

111. 江宜樺：《自由主義、民族主義與國家認同》，臺北：揚智文化事業股份有限公司，1998 年版。

112. 張麟徵：《歧路上的臺灣》，臺北：海峽出版社，2000 年版。

113. 鈕漢章：《臺灣地區政治發展與對外政策》，北京：世界知識出版社，2007 年版。

114. 李玲：《民進黨選舉中的族群動員研究》，首都師範大學碩士學位論文，2008 年。

115. 彭維學：《「臺獨」的社會基礎》，北京：九州出版社，2008 年版。

116. 洪敏麟：《臺灣舊地名沿革》，臺中：臺灣省文獻委員會，1980 年版。

117. 張炎憲：《清代治臺政策之研究》，臺大歷史所碩士論文，1973 年。

118. 詹素娟：《清代臺灣平埔族與漢人關係之研究》，師大史研所碩士論文，1986 年。

119. 范瑞珍：《清代臺灣竹塹地區客家人拓墾研究——以族群關係與產業發展兩層面爲中心所做的探討》，東海大學歷史所碩士論文，1995 年。

120. 張永楨：《清季臺灣後山開發之研究》，東海大學歷史研究所碩士論文，1985 年。

121. 孟祥瀚：《臺灣東部拓墾與發展（1874～1945）》，國立師範大學歷史研究所碩士論文，1988 年。

122. 鄭全玄：《臺東平原的移民拓墾與聚落》，國立師範大學地理學系碩士論文，1993 年。

123. 林聖欽：《花東縱谷中段的土地開發與聚落發展（1800～1945）》，國立師範大學地理學系碩士論文，1995 年。

124. 洪麗完：《清代臺中開發之研究》，東海大學歷史研究所碩士論文，1985 年。

125. 張環顯：《清代「埔里」的開發》，國立師範大學歷史研究所碩士論文，1992 年。

126. 程士毅：《理番分府與岸里社（1766～1786）》，國立清華大學歷史研究所碩士論文，1994 年。

127. 鍾幼蘭：《族群歷史與意義——以大社巴宰族裔的個案研究爲例》，國立清華大學社會人類學研究所碩士論文，1995 年。

128. 曾思奇：《臺灣南島語民族文化概論》，北京：民族出版社，2005 年版。

129. 范佐勤：《中壢客家的福佬化現象與客家認同之研究》，國立中央大學碩士學位論文，2008 年。

130. 莊雪安：《閩客通婚家庭成員對客家族群認同之研究》，佛光大學碩士學位論文，2011 年。

131. 李榮豐：《現代化衝擊下高屏地區客家族群的文化變遷與認同發展》，國立臺南大學博士學位論文，2011 年。

132. 黃秀政：《臺中縣海線開發史》，臺中：臺中縣立文化中心出版，2002 年版。

133. 鍾壬壽：《六堆客家鄉土志》，臺北：常青出版社，1973 年版。

134. 李亦園：《臺灣土著民族的社會與文化》，臺北：聯經出版事業股份有限公司，1982 年版。

135. 潘英海、詹素娟主編：《平埔研究論文集》，臺北：中央研究院臺灣史研究所籌備處，1995 年版。

136. 詹素娟、潘英海主編：《平埔族群與臺灣歷史文化論文集》，臺北：中央研究院臺灣史研究所籌備處，2001 年版。

137. 洪麗完：《臺灣中部平埔族沙轆社與岸里大社之研究》，臺北：稻鄉出版社，1997 年版。

138. 林惠祥：《天風海濤室遺稿》，廈門：鷺江出版社，2001 年版。

139. 古鴻廷編：《第二屆臺灣歷史與文化研討會論文集》，東海大學通識教育中心，1999 年版。

140. 陳秋坤、洪麗完主編：《契約文書與社會生活》，臺北：中央研究院臺灣史研究所籌備處，2001 年版。

141. 尹章義：《臺灣開發史研究》，臺北：聯經出版事業股份有限公司，2003 年版。

142. 張桂茂、鄭永年主編：《兩岸社會運動分析》，臺北：新自然主義，2003 年版。

143. 黃應貴主編：《臺灣土著社會文化研究論文集》，聯經出版事業公司，1998 年版。

三、學術論文

1. 阮昌銳：《蘭陽平原上的噶瑪蘭族》，《臺灣文獻》第 17 卷第 1 期。

2. 張茂桂：《再談族群的多元融合》，《自立晚報》1993 年 1 月 18 日。

3. 翁佳音：《平埔族漢化史考略》，《臺灣風物》第 34 卷第 1 期。

4. 潘英海：《有關平埔族研究的西文資料》，《臺灣風物》第 37 卷第 2 期。

5. 謝繼昌：《平埔族的漢化：臺灣埔里平原之研究》，中央研究院民族學研究所集刊（47），1979 年。

6. 阮昌銳：《宜蘭地區漢化的噶瑪蘭族初步調查》，《臺灣文獻》第 20 卷第 1 期。

7. 溫振華：《清代中部平埔族遷移埔里分析》，《臺灣文獻》第 51 卷第 2 期。

8. 簡炯仁：《屏東平原開發與族群關係之再議》，《臺灣風物》第 53 卷第 2 期。

9. 施添福：《試釋土牛紅線》，《臺灣風物》第 39 卷第 2 期。

10. 王崧興：《濁大流域的民族學研究》，《中央研究院民族學研究所集刊》（36），1975 年。

11. 施添福：《清代竹塹地區的「墾區莊」：萃豐莊的設立與演變》，《臺灣風物》第 39 卷第 4 期。

12. 施添福：《清代臺灣竹塹地區的土牛溝和區域發展》，《臺灣風物》第 40 卷第 4 期。

13. 羅春寒：《臺灣平埔族群文化變遷及其原因試析》，《貴州民族研究》2005 年第 6 期。

14. 楊梅：《試析臺灣平埔族語言轉用問題》，《中央民族大學學報》2004 年第 2 期。

15. 曾思奇：《臺灣南島語民族的分類沿革》，《中央民族大學學報》2005 年第 3 期。

16. 周典恩：《中文語境裏「民族」與「族群」混淆原因解析》，《廣西民族研究》2006 年第 1 期。

17. 周翔鶴：《從契約文書看清代臺灣竹塹社的土著地權問題》，《臺灣研究集刊》2003 年第 2 期。

18. 劉正剛：《清代移民開發邊疆與少數民族關係——以臺灣爲例》，《中國邊疆史地研究》2005 年第 3 期。

19. 根岸勉治：《噶瑪蘭熟番移動與漢族之殖民》，《臺灣風物》第 14 卷第 4 期。

20. 柯志明：《理性的國家與歷史的機遇——清代臺灣的熟番地權與族群政治》，《臺灣史研究》第 6 卷第 2 期。

21. 孫九霞：《試論族群與族群認同》，《中山大學學報》1998 年第 1 期。

22. 金關丈夫，國分直一著，莊景輝，黃東毅譯：《臺灣考古學研究簡史》，《福建文博》1982 年第 1 期。

23. 吳春明：《「南島語族」起源研究述評》，《廣西民族研究》2004 年第 2 期。

24. 郭志超，吳春明：《臺灣原住民「南來論」辨析——兼論「南島語族」起源》，《廈門大學學報》2002 年第 2 期。

25. 凌純聲：《古代閩越人與臺灣土著族》，《學術季刊》第 1 卷第 2 期。

26. 石磊：《臺灣土著族》，《國文天地》第 5 卷第 11 期。

27. 中村孝志：《蘭人時代の蕃社戶口表》，《南方土俗》第 4 卷第 1 期。

28. 洪燦楠：《臺灣地區聚落發展之研究》，《臺灣文獻》第 29 卷第 2 期。

29. 莊金德：《清初嚴禁沿海人民偷渡來臺始末》，《臺灣文獻》，第 15 卷第 3 期。

30. 李祖基：《大陸移民渡臺的原因與類型》，《臺灣研究集刊》2004 年第 3 期。

31. 莊國土：《海貿與移民互動：17～18 世紀閩南人移民臺灣原因——兼論漳泉籍移民差異》，《臺灣文獻》第 51 卷第 2 期。

32. 尹章義：《開拓臺灣史研究的方法與視野》，《臺灣風物》第 36 卷第 2 期。

33. 魯西奇：《移民：生存與發展》，《讀書》1997 年第 3 期。

34. 施振民：《祭祀圈與社會組織——彰化平原聚落發展模式的探討》，《中央研究院民族學研究所集刊》（36），1975 年。

35. 楊彥傑：《從客家視野看清代臺灣史研究幾個問題》，《臺灣研究》2006 年第 3 期。

36. 樊信源：《清代臺灣民間械鬥歷史之研究》，《臺灣文獻》第 25 卷第 4 期。

37. 宇驤:《從生產形態與聚落景觀看臺灣史上的平埔族》,《臺灣文獻》第 21 卷第 1 期。

38. 潘英海:《平埔族研究的困惑與意義──從邵式柏的博士論文〈十七及十八世紀臺灣拓墾中的漢番關係〉談起》,《臺灣風物》第 37 卷第 2 期。

39. 戴炎輝:《清代臺灣番社的組織及其運用》,《臺灣文獻》第 26 卷第 1 期。

40. 連文希:《客家人墾臺灣地區考略》,《臺灣文獻》第 22 卷第 3 期。

41. 洪麗完:《大安、大肚兩溪間墾拓史研究》,《臺灣文獻》第 43 卷第 3 期。

42. 溫振華:《清代臺灣淡北地區的拓墾》,《臺灣風物》第 55 卷第 3 期。

43. 周翔鶴:《墾首考辨》,《臺灣研究集刊》1989 年第 2 期。

44. 周翔鶴:《清代臺灣墾照與番社給墾字研究》,《臺灣研究集刊》1989 年第 1 期。

45. 黃富三:《清代臺灣之移民的耕地取得問題及其對土著的影響》,《食貨》第 11 卷 1 期。

46. 根岸勉治:《噶瑪蘭熟番移動與漢族之殖民》,《臺灣風物》第 14 卷第 4 期。

47. 陳三郎:《大突番社始末初探》,《臺灣文獻》第 29 卷第 2 期。

48. 張勝彥:《清代臺灣漢人土地所有形態之研究》,《臺灣文獻》第 34 卷第 2 期。

49. 王世慶:《臺灣隘制考》,《臺灣文獻》第 7 卷第 3 期。

50. 李紹盛:《臺灣的隘防制度》,《臺灣文獻》第 24 卷第 3 期。

51. 陳炎正:《清代臺灣墾務糾紛之初探──以岸里社為例》,《臺灣源流》第 19 卷第 2 期。

52. 黃於玲:《國家、族群與土地租佃制度》,《宜蘭文獻雜誌》第 33 卷,1998 年。

53. 林燈炎譯:《大莊「沿革」手寫文獻解說與摘譯》,《臺灣風物》第 37 卷第 4 期。

54. 陳顯忠:《談臺灣後山之開發》,《臺灣文獻》第 32 卷第 2 期。

55. 簡炯仁:《〈由噶瑪蘭·西拉雅古文書〉所收錄有關茄藤社的古契字試論「鳳山八社」中茄藤社的社址及其勢力範圍》,《臺灣文獻》第 53 卷第 1 期。

56. 黃秀政:《清代臺灣分類械鬥事件之檢討》,《臺灣文獻》第 27 卷第 4 期。

57. 張菼:《清代初期治臺政策的檢討》,《臺灣文獻》第 21 卷第 1 期。

58. 陳秋坤:《平埔族岸里社潘姓經營地主的崛起,1699～1770》,《中央研究院近代史研究所集刊》(20),1991 年。

59. 謝繼昌:《水利和社會文化之適應──藍城村的例子》,《中央研究院民族學研究所集刊》(36),1973 年。

60. 盛清沂：《新竹、桃園、苗栗三縣地區開闢史》，《臺灣文獻》第 31 卷第 4 期。

61. 陳碧笙：《清代漢人與平埔諸族之間的矛盾和融合》，《臺灣研究集》1985 年第 4 期。

62. 張耀錡：《平埔族社名對照表》，《臺灣文獻》1951 年第 1 期。

63. 張素玢：《平埔社群空間地圖的重構與解釋——以東螺社與眉里社為中心》，《臺灣文獻》第 57 卷第 2 期。

64. 簡炯仁：《屏東平原開發與族群關係之再議》，《臺灣風物》第 53 卷第 1 期。

65. 石萬壽：《乾隆以前臺灣南部客家人的拓殖》，《臺灣文獻》第 33 卷第 4 期。

66. 張素玢：《從契字看後壟社群的分化與貧化》，《臺灣文獻》第 54 卷第 1 期。

67. 劉燕淩：《臺灣福佬與客家族群融合略論》，《中共福建省委黨校學報》2011 年第 4 期。

68. 洪敏麟：《客家人入墾臺灣地區考略》，《臺灣文獻》第 22 卷第 3 期。

69. 黎淑慧：《客家人與福佬族群的互動——從福佬客談起》，《白沙人文社會學報》2003 年第 2 期。

70. 陳國欣：《現階段臺灣政壇的省籍問題》，《臺灣研究集刊》1991 年第 1 期。

71. 李東華：《光復初期（1945～50）的民族情感與省籍衝突——從臺灣大學的接收改制做觀察》，《臺大文史哲學報》第 65 卷，2006 年。

72. 陳孔立：《二二八事件中的本省人與外省人》，《臺灣研究集刊》2006 年第 3 期。

73. 王曉漁：《「二二八事件」中的官民衝突與族群矛盾》，《同舟共濟》2009 年第 12 期。

74. 陳翠蓮：《歷史正義的困惑——族群議題與二二八論述》，《國史館學術集刊》第 16 期。

75. 郝時遠：《臺灣的「族群」與「族群政治」析論》，《中國社會科學》2004 年第 2 期。

76. 楊聰榮：《從族群關係史看臺灣客家的分類範疇與獨特性》，《臺灣史雜誌》2006 年第 1 期。

77. 郝時遠：《對西方學界有關族群（ethnic group）釋義的辨析》，《廣西民族學院學報》2002 年第 4 期。

78. 彭兆榮：《論民族作為歷史性的表述單位》，《中國社會科學》2004 年第 2 期。

79. 徐傑舜：《論族群與民族》，《民族研究》2002 年第 1 期。

80. 湯韻旋：《族群、族群認同與族群建構論的實踐——以兩岸客家和當代臺灣族群建構爲例》，《廣西民族研究》2006 年第 4 期。

81. 本多俊和：《原住民運動十載回顧——合作與紛爭》，《中國農業大學學報》2007 年第 4 期。

82. 羅春寒：《20 世紀八九十年代臺灣少數民族政治運動初探》，《北京行政學院學報》2010 年第 5 期。

83. 劉大可：《論臺灣的「客家運動」》，《臺灣研究》2007 年第 6 期。

84. 朱天順：《臺灣地方選舉制度剖析》，《臺灣研究集刊》，1992 年第 1 期。

85. 佚名：《「族群紛爭」的背後是「省籍矛盾」與「國家認同」的對立》，《瞭望新聞周刊》2006 年第 3 期。

86. 劉強：《族群結構與臺灣民眾的國家認同》，《廣州社會主義學院學報》2011 年第 3 期。

87. 佚名：《「臺獨」勢力和民進黨操作族群鬥爭騙取選票》，《瞭望新聞周刊》2006 年第 3 期。

88. 夷將·拔路兒：《臺灣原住民族運動發展路線之初步探討》，《山海雜誌集》（4），1994 年。

89. 鞠海濤：《當代臺灣民眾「國家認同」透視》，《臺灣研究》2005 年第 3 期。

90. 王甫昌：《臺灣反對運動的共識動員：一九七九～一九八九年兩次挑戰高峰的比較》，《臺灣政治學刊》1996 年第 7 期。

91. 沈惠平：《當代「臺灣民族主義」淺析》，《貴州民族研究》2009 年第 5 期。

92. 俞可平：《現代化進程中的民粹主義》，《戰略與管理》1997 年第 1 期。

93. 馮雲波、李紹鵬：《臺灣族群政治分析》，《太平洋學報》2005 年第 2 期。

94. 陳建樾：《走向民粹化的族群政治——20 世紀 80 年代以來的臺灣原住民運動與原住民政策研究》，《民族研究》2004 年第 1 期。

95. 李道湘：《「文化臺獨」理論及其批判》，《中央社會主義學院學報》2003 年第 6 期。

96. 蔣耀平：《四年來兩岸經貿關係的回顧與對未來的展望》，《商場現代化》，2012 年第 35 期。

97. 曹樹基：《清代臺灣拓墾過程中的股份制經營——兼論中國農業資本主義萌芽理論的不成立》，《中國社會科學》1998 年第 2 期。